POLYGLOTT on tour

Niederlande

Der Autor
Wolfgang Rössig

**Mit großer Faltkarte
& 80 Stickern
für die individuelle Planung**

www.polyglott.de

SPECIALS
- 26 Kinder
- 71 Radtouren
- 101 Tulpen

ERSTKLASSIG!
- 31 Kuriose Nachtquartiere
- 37 Die schönsten Parks und Gärten
- 43 Spitzenküche – stilvoll zelebriert
- 98 Nostalgische Strandbäder
- 111 Die schönsten Märkte
- 128 Land-Art – Kunst im Grünen
- 140 Gratis entdecken

ALLGEMEINE KARTEN
- 4 Übersichtskarte der Kapitel
- 34 Die Lage der Niederlande

REGIONEN-KARTEN
- 62 Der Norden
- 80 Badeküste Süd
- 83 Badeküste Nord
- 116 Landesmitte
- 135 Dreiländereck
- 145 Limburg und Noord-Brabant

STADTPLÄNE
- 50 Amsterdam
- 99 Leiden
- 104 Haarlem

6 Typisch

- 8 Die Niederlande sind eine Reise wert!
- 11 Reisebarometer
- 12 50 Dinge, die Sie …
- 19 Was steckt dahinter?
- 159 Meine Entdeckungen
- 160 Checkliste Niederlande

20 Reiseplanung & Adressen

- 22 Die Reiseregion im Überblick
- 23 Klima & Reisezeit
- 23 Anreise
- 24 Reisen im Land
- 25 Sport & Aktivitäten
- 30 Unterkunft
- 152 Infos von A–Z
- 155 Register & Impressum

32 Land & Leute

- 34 Steckbrief
- 36 Geschichte im Überblick
- 37 Natur & Umwelt
- 38 Kunst & Kultur
- 40 Feste & Veranstaltungen
- 42 Essen & Trinken
- 158 Mini-Dolmetscher

SYMBOLE ALLGEMEIN

Erstklassig ! Besondere Tipps der Autoren

SPECIAL Specials zu besonderen Aktivitäten und Erlebnissen

SEITENBLICK Spannende Anekdoten zum Reiseziel

  Top-Highlights und Highlights der Destination

44 Top-Touren & Sehenswertes

46	**Amsterdam**
48	Tour ❶ Altstadtspaziergang
52	Tour ❷ Hafengebiet im Wandel
53	Tour ❸ Stippvisite bei den Alten Meistern
56	Ausflüge
57	**Der reizvolle Norden**
59	Tour ❹ Friesische Impressionen
59	Tour ❺ Seitenwind auf Terschelling
61	Unterwegs im Norden
73	Unterwegs auf den Watteninseln
77	**Hollands lange Badeküste**
79	Tour ❻ Delta mit Vergangenheit
81	Tour ❼ Alte Handelsstädte mit jungem Schwung
82	Tour ❽ Zwischen Dünen und Deichen
84	Unterwegs an Hollands Badeküste
113	**Die eindrucksvolle Landesmitte**
115	Tour ❾ Die Hansestädte an der IJssel
116	Tour ❿ Überraschendes Flevoland
118	Unterwegs in der Landesmitte
132	**Der vielfältige Süden**
134	Tour ⓫ Hügeliges Dreiländereck
135	Unterwegs im Süden
146	**Extra-Touren**
147	Tour ⓬ Entdeckerwoche an der Nordseeküste
149	Tour ⓭ Eine Woche Hansepracht und hohe Kunst
150	Tour ⓮ Vier Tage voller blühender Attraktionen
151	Tour ⓯ Ein langes Wochenende auf der Oranierroute

	TOUR-SYMBOLE		**PREIS-SYMBOLE**	
❶	Die POLYGLOTT-Touren		Hotel DZ	Restaurant
❻	Stationen einer Tour	€	bis 75 EUR	bis 30 EUR
①	Hinweis auf 50 Dinge	€€	75 bis 140 EUR	30 bis 60 EUR
[A1]	Die Koordinate verweist auf die Platzierung in der Faltkarte	€€€	über 140 EUR	über 60 EUR
[a1]	Platzierung Rückseite Faltkarte			

Perfekte Planung
Parallel Klappe vorne links aufschlagen

1 Touren-Start

Top 12 Highlights

1. Rijksmuseum, Amsterdam › S. 53
2. Planetarium Eise Eisinga, Franeker › S. 66
3. Texel › S. 73
4. Kinderdijk › S. 94
5. Prinsenhof, Delft › S. 95
6. Mauritshuis, Den Haag › S. 97
7. Gracht Rapenburg, Leiden › S. 100
8. Keukenhof › S. 103
9. Noordhollands Duinreservaat › S. 106
10. Zuiderzeemuseum, Enkhuizen › S. 109
11. Marken › S. 112
12. Nationalpark De Hoge Veluwe › S. 123

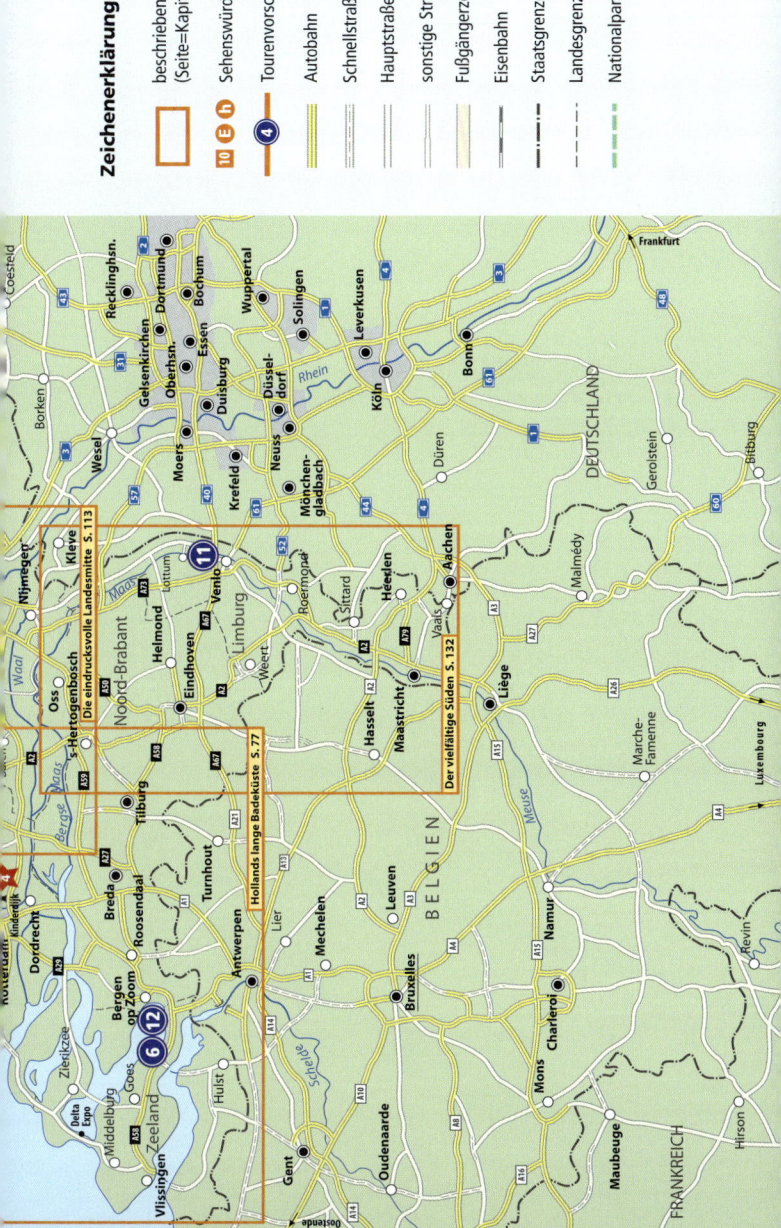

Prächtig blühendes Tulpenfeld vor Windmühle bei Noorwijk

TYPISCH

Die Niederlande sind eine Reise wert!

Welkom! Ein paar Schritte vom Amsterdamer Hauptbahnhof tobt das holländische Leben. Eigentlich gibt es nichts Schöneres, als sich ziellos durch diese Stadt treiben zu lassen. Aber es locken noch viele Kunst- und Architekturmetropolen, weite Nordseestrände und Flusslandschaften.

Der Autor **Wolfgang Rössig** studierte Literaturwissenschaften und Kunstgeschichte. Liebt Vermeer, Amsterdams »braune Kneipen«, Wohnboote, jungen Hering, die indonesische Rijstafel und die Dünenstrände von Texel und Schiermonnikoog … Und freut sich seit Jahren über milde Winter – ohne die anstrengende Elfstedentocht (eine verlorene Wette) – und übt bis heute die korrekte Aussprache von »Ik ben stapelgek op jou«.

So fing sie an, meine Leidenschaft für Holland, pardon die Niederlande: mit einer spontanen Zugfahrt nach Amsterdam. Staunen über die holländische Toleranz im Rotlichtviertel De Walletjes und in den bunt bemalten Coffeeshops, schließlich das verheißungsvolle Lächeln einer einheimischen Radfahrerin, die erst wie beim Fotoshooting über eine Brücke fuhr – und dann mir über die Zehen. Meine erste Nacht in Amsterdam endete am frühen Morgen auf einem Wohnboot und sorgte für viele weitere Zugfahrten in die Grachtenmetropole.

Wenn es Frühling wird in Amsterdam, schippern Ausflugsboote auf der Prinsengracht

Die Niederlande sind eine Reise wert!

In Delft gibt es herrlich blau gemustertes Keramikgeschirr zu kaufen

Richtig planen mag ich auch heute eine Reise in die Niederlande nicht. Warum auch, alles ist so herrlich unkompliziert. Am besten mietet, nein, kauft man sich ein gebrauchtes, möglichst ramponiert aussehendes »Oma-Fiets«, denn eine Gangschaltung ist im platten Amsterdam überflüssig, und geklaut wird es dann (vielleicht) auch nicht. Noch besser ist natürlich ein »Waterfiets«, das man am Leidseplein mieten kann. Damit kommt man in die kleinen Nebengrachten und kann in aller Ruhe Giebelstudien betreiben, ohne sich ständig durch das Autogewühl am Grachtenufer schlängeln zu müssen. Mit der Museumskaart sind auch spontane Rendezvous mit Rembrandt und Van Gogh kein Problem.

Mein Lieblingsbild hängt allerdings nicht in Amsterdam, sondern im Mauritshuis von Den Haag. Vermeers »Mädchen mit dem Perlenohrring« wäre allein Grund genug, dem Regierungssitz der Niederlande einen Besuch abzustatten, am besten im Mai, um Ende des Monats auch gleich den jungen Hering am Schwanz packen zu können. Nirgendwo schmeckt der frische Matjes besser als vor dem Parlament der Niederlande oder am Strand von Scheveningen.

Nur einen Katzensprung von Den Haag entfernt liegt Delft. Immer wieder gerne spaziere ich durch die kleine Stadt mit ihren schönen Patrizier- und Kontorhäusern, ihren verträumten Grachten, gewölbten Brücken und engen Gassen: auf Spurensuche nach der vielleicht berühmtesten Stadtsilhouette der Kunstgeschichte und einem erschwinglichen Stück Delfter Porzellan.

Der Mai ist überhaupt der schönste Monat in den Niederlanden. Bilden wir einen Satz mit drei »den« und nehmen wir den Zug von Den Haag nach Den Helder an der Nordspitze Hollands. Das sind

Die indonesische Rijsttafel steht bereit zum Verzehr – lecker!

Die Niederlande sind eine Reise wert!

Der Leuchtturm von Texel ist eine weitstrahlende Schönheit

nicht einmal zwei Stunden, bzw. wären es, wenn es nicht so viele Gelegenheiten zum Aussteigen gäbe. Der erste Stopp kommt schon nach einer halben Stunde, denn an dem Grachtenidyll von Leiden kann man natürlich nicht achtlos vorbeifahren. Zwischen Leiden und Haarlem ziehen die farbenfrohen Tulpenteppiche am Zugfenster vorbei. Viel zu schnell ist Hollands schönste Einkaufsstadt erreicht, in der Frans Hals, der unübertroffene Porträtmeister des Goldenen Zeitalters, die Weiterfahrt verzögert. Wieder eine halbe Stunde später wartet Alkmaar mit seinem berühmten Käsemarkt, ein wenig Postkartenkitsch, aber doch ein Erlebnis.

Erst hinter Alkmaar entlässt das alte kunstsinnige Holland den Besucher. Nach einem kurzen Hüpfer mit der Fähre von Den Helder lockt Natur pur: die herrliche Dünenlandschaft der westfriesischen Insel Texel. Trällernde Lerchen und verblüffend viel Einsamkeit begleiten den Wanderer, und die Sonnenuntergänge sind vom Feinsten. Wie wohl Vermeer, der wie kaum ein anderer mit Licht und Schatten, mit dem Spiel von Sonne und Wolken zu zaubern verstand, den Frühlingshimmel der Nordsee gemalt hätte?

Von Texel könnte man nun von einer Insel zur nächsten hüpfen, die Langsamkeit in den schönen Städten und Dörfern Frieslands entdecken und mit dem Zug in zwei Stunden von Leeuwarden nach Arnhem am Rhein fahren, mitten im herrlichen Nationalpark Hoge Veluwe im Kröller-Müller-Museum einige der schönsten Bilder Van Goghs bewundern, und schon eine Stunde später wäre man in Rotterdam. Totaler Szenenwechsel: In Europas wichtigster Hafenstadt setzen berühmte Architekten wie Rem Kohlhaas, Norman Foster, Renzo Piano ihre atemberaubenden Projekte um. 2014 eröffnete die vom Rotterdamer Architekturbüro MVRDV erbaute avantgardistische Markthalle eine bunte Fruchtbombe, in der man sogar wohnen kann.

Zu guter Letzt ist da noch eine Stadt, die ein wenig aus dem niederländischen Rahmen fällt: Maastricht, das viele Menschen nur wegen des gleichnamigen EU-Vertrags kennen, vielleicht weil es etwas abseits im Dreiländereck der Niederlande, Belgiens und Deutschlands liegt. Fast ein Geheimtipp also, dabei ist Maastricht eine der schönsten Städte des Landes, mit einer fast südländisch-heiteren Atmosphäre. Europa von seiner besten Seite.

Reisebarometer

Windmühlenromantik, Tulpenfelder, Inselstrände, Kunst von Rembrandt bis Van Gogh, Avantgarde in Rotterdam und mit Amsterdam eine der schönsten Städte der Welt.

Abwechslungsreiche Landschaft
Polder- und Flusslandschaften zwischen Rhein und Schelde, weite Nordseestrände

Kultur und Besichtigungsmöglichkeiten
Gemälde alter und moderner Meister, Architektur von Mittelalter bis Avantgarde

Kulinarische Vielfalt
Früchte des Meeres und Köstlichkeiten aus Übersee

Spaß und Abwechslung für Kinder
Freizeitparks und Strandvergnügen

Shoppingangebot
Antiquitäten, Delfter Porzellan, Käse und Tulpenzwiebeln

Abenteuer und Entdecken
Hausbootfahrten in Friesland, Galerien im Rotlichtviertel

Auswahl sportlicher Aktivitäten
Radfahren, Wandern und vor allem Wassersport

Geeignet für Strandurlaub
An den Nordseestränden gibt es viel Platz.

●●●●●○

Toleranz
Leben und leben lassen heißt die niederländische Devise.

●●●●●●

Preis-Leistungs-Verhältnis
Das Preisniveau ist etwas höher als in Deutschland.

●●●○○○

● = gut   ●●●●●● = übertrifft alle Erwartungen

50 Dinge, die Sie …

Hier wird entdeckt, probiert, gestaunt, Urlaubserinnerungen werden gesammelt und Fettnäpfe clever umgangen. Diese Tipps machen Lust auf mehr und lassen Sie die ganz typischen Seiten erleben. Viel Spaß dabei!

… erleben sollten

(1) Strandsegeln Wenn auf Vlieland › **S. 74** eine steife Brise weht, und das tut sie meist, dann flitzen die *blokarts* des Outdoor Centers [F2] pfeilschnell über den breiten Inselstrand (½ Std. ca. 25 Euro, www.vlielandoutdoorcenter.nl).

(2) Rheinradeln Garantiert kein Reinfall, denn das *fiets* (Fahrrad) ist in den Niederlanden König › **S. 71**. Der 260 km lange niederländische Abschnitt des Rheinradwegs führt durch eine Landschaft, wie von alten Meistern gemalt. Folgen Sie der Markierung LF 17 mit der Beschriftung *Rijnfietsroute* von Millingen bis nach Hoek van Holland.

(3) Waterfietsen Im Tretboot durch die Grachten schippern – Canal Bike [F9] macht's möglich (Juli/Aug. tgl. 10–20, März–Juni, Sept./Okt. Fr–So 10–18 Uhr, Oudegracht 167, Utrecht, Tel. 020/217 05 01, www.canal.nl; 1½ Std. 9,50 Euro).

(4) Sonnenblumen mit Cocktail Freitagabends steigt im Van Gogh Museum › **S. 53** eine Party. Auch die Ausstellungsräume sind bis 22 Uhr geöffnet, sodass Sie die Meisterwerke dort in Ruhe genießen können.

(5) Friesland per Hausboot Ab 500 Euro pro Woche kann man ein schwimmendes Ferienhaus mieten und damit gemächlich über Frieslands Wasserwege steuern. Bootsführerschein überflüssig (Friesland Boating Yachtcharter [G4], De Tille 5–7, Koudum, Tel. 05 14/52 26 07, www.friesland-boating.de).

(6) Kamikaze im Freizeitpark Duinrell Spaß und Adrenalin pur bieten die spektakulären Tunnelrutschen im Tikibad [D8/9] (Wassenaar, Tel. 070/515 52 58, www.duinrell.nl, tgl. 10–22 Uhr).

(7) Splashtour Erst fährt der Bus über Rotterdams Straßen, dann aber stürzt er sich in die Fluten der Maas: Der perfekte Weg, die Skyline der Hafenstadt zu genießen. Abfahrt vor dem Maritiem Museum › **S. 92** (Parkhaven 9, Rotterdam, Tel. 010/436 94 91, www.splashtours.nl).

(8) Abendliche Bootsfahrt Am romantischsten sind Grachtentouren in Amsterdam › **S. 55**, wenn Brücken und Häuser farbenfroh beleuchtet sind und auf den Hausbooten die Lichter flackern (tgl. 18–21 Uhr, Reederei Lovers [b3], Prins Hendrikkade 25, Amsterdam, Tel. 020/530 10 90, www.lovers.nl).

50 Dinge, die Sie …

9 Grachtennacht Die schöne MS Luctor [F7] schaukelt Sie sanft in den Schlaf. Das mit Mahagoni getäfelte und Sonnenenergie gepowerte *woonship* von 1913 liegt in einer ruhigen Gracht nordwestlich vom Hauptbahnhof › **S. 48** (Westerdok 103, Amsterdam, Tel. 06/22 68 95 06, www.boatbedandbreakfast.nl).

10 Wadlopen Bei Ebbe vom Festland über die Waddenzee nach Ameland hinüberzulaufen, führt Wattwanderer durch Muschelbänke und tiefen Modder. Zurück geht es mit der Fähre (Wadloopcentrum Fryslân [H2], Holwerd, Tel. 05 11/47 78 97, www.wadlopen.net).

11 Wildwasserfahrt Mit dem Kanu kann man z. B. von Borgharen [H15] bei Maastricht die noch ungezähmte Grenzmaas ohne Schifffahrt und ein fast unbekanntes Limburger Naturschutzgebiet erkunden (Kajak Tour Limburg Tel. 043/851 95 82, www.kajaktourlimburg.nl).

Blokarts flitzen über den Strand von Vlieland

… probieren sollten

12 Indonesische Rijstafel Das leckerste Erbe der niederländischen Kolonialzeit: Viele Tellerchen mit raffiniert gewürzten Spezialitäten der ungezählten Inseln Indonesiens gehören zur traditionellen Rijstafel. Tipp: mit Freunden genießen, z. B. im Klein Java in Sneek › **S. 68**.

13 Muscheln aus Zeeland Am besten fährt man von Yerseke › **S. 88** auf dem Kutter mit zum Ernten und genießt dann an Land die knackfrische Delikatesse in einem Sud mit Knoblauch und Wein – dazu Fritten (Piet van Oost [C12], Havendijk 36, Yerseke, Tel. 01 13/57 43 18, www.pietvanoost.nl).

14 Texelse lamsbout Der salzige Boden und die Seeluft von Texel › **S. 73** sorgen dafür, dass die Keule vom Salzwiesenlamm besonders aromatisch schmeckt, z. B. bei Vincent Eilandkeuken [E4], Grensweg 386, Den Burg, Tel. 02 22/32 20 84, www.vincenteilandkeuken.nl.

15 Vla Der ziemlich flüssige Pudding zählt zu den beliebtesten Nachspeisen des Landes und wird sogar eimerweise im Supermarkt verkauft. Besonders gefragt ist *dubbelvla,* eine Kombination von Vanille und Schokolade, die erst beim Essen zusammenfließt.

16 Frischer Matjes Die Holländer packen ab Ende Mai den zarten jungen Frühlingshering »Hollandse

Augenschmaus – Markthalle in Rotterdam

Nieuwe« am Schwanz und lassen ihn genüsslich in den Mund gleiten. Die schönste Kulisse für das Ritual bietet der Strand von Scheveningen › **S. 97** beim Heringsfest Vlaggetjesdag am 2. Juniwochenende (www.vlaggetjesdag.com).

(17) **Lekker Pannekoeken** Goldgelb, knusprig und so groß, dass sie über den Tellerrand hängen: Süß oder deftig belegte Pfannkuchen sind aus der niederländischen Küche nicht wegzudenken und werden im *pannekoekenhuis*, wie auf dem originellen Zweimastsegler 't Pannekoekschip › **S. 61** serviert.

(18) **Oude Jenever** Den Schnaps aus Wacholderbeeren genießt man besonders stilvoll im altmodischen *proeflokaal* (Probierstube) Wynand Fockink [c2] von 1679 (Pijlsteeg 31, Amsterdam, Tel. 020/570 86 06, www.wynand-fockink.nl).

(19) **Uitsmijter** Zu tief ins Geneverglas geschaut? Das niederländische Katerfrühstück »Rausschmeißer« – zwei Spiegeleier, Schinken und Weißbrot – wurde angeblich früher Zechern serviert, bevor man sie aus der Kneipe warf. Im Restaurant Morlang [d1] gibt's »Uitsmijter met beenham en oude kaas« zum Lunch (Keizersgracht 451, Amsterdam, Tel. 020/625 26 81, www.morlang.nl).

(20) **Stamppot** Eigentlich gibt es kein Rezept für diesen Eintopf. Kartoffeln, Gemüse und Fleisch oder Wurst sind auf jeden Fall dabei. Probieren Sie eine der Varianten bei Haesje Claes [c2], Spuistraat 273, Amsterdam, Tel. 020/624 99 98, www.haesjeclaes.nl.

(21) **Erwtensoep** Zur dicken klassischen Wintersuppe aus Erbsen, Sellerie, Kartoffeln und Speck- oder Wurstwürfeln schmeckt ein mit Katenspeck belegtes Roggenbrood, etwa bei Deftig [D10], Herenplaats 93, Rotterdam, Tel. 010/737 05 82, www.deftig-rotterdam.nl.

... bestaunen sollten

(22) **Architektur satt** In der Markthal Rotterdam › **S. 93** bilden 4500 Kunstpaneele an Decken und Wänden ein Füllhorn voller Obst, Gemüse und anderen frischen Produkten. Ob hungrig oder nicht, ein Besuch der Markthalle muss sein!

(23) **Geheime Gärten** Am 3. Juniwochenende kann man in Amsterdam › **S. 46** hinter die Fassaden von Grachtenhäuser blicken und stau-

50 Dinge, die Sie …

nen – über streng geometrische Barockgärten oder anarchistische Blütenmeere (www.opentuinendagen.nl).

㉔ Mesdag-Panorama Inmitten des 1680 m2 großen Rundgemäldes von Hendrik Willem Mesdag in Den Haag › S. 97 blickt man wie von einer Düne auf Häuser, Kähne und Strand von Scheveningen.

㉕ Kanalpanorama Von der Brücke an der Amsterdamer Reguliersgracht [e3] auf Höhe der Kerkstraat sind alle sieben Grachtenbrücken zu sehen. Fürs Foto fehlt nun nur noch ein radelndes Meisje mit wehendem Blondschopf.

㉖ Hollands schönster Augenaufschlag Vermeers »Mädchen mit dem Perlenohrring« betört Besucher des Mauritshuis › S. 97 in Den Haag mit seinem Blick: Unschuldig, sinnlich und geheimnisvoll.

㉗ Weltgrößte Windmühlen Bis zu 33 m hoch sind die sechs Giganten von Schiedam [D10], der einstigen Hauptstadt des Jenevers, für den hier Korn gemahlen wurde.

㉘ Rembrandttulpen Diese alte Tulpenart mit bizarrem Farbenspiel, für deren Zwiebeln man zu Rembrandts Zeiten Haus und Hof verspielte, wächst im historischen Garten des Keukenhofs › S. 103.

㉙ Rot-blauer Stuhl Im Rietveld-Schröder-Huis › S. 129 in Utrecht kann man ein mit strenger Geometrie und offener Struktur von Gerrit Rietveld geschaffenes funktionalistisches Schlüsselwerk der De-Stijl-Gruppe bewundern.

㉚ Kleine Eiszeit Hendrick Avercamps volkstümliche Winterlandschaften mit Eisläufern (17. Jh.) im Rijksmuseum › S. 53 erzählen von einer Zeit, in der noch niemand an globale Erwärmung dachte.

㉛ Schlacht in Delfter Blau Eine der schönsten Fayencen von Delft zeigt im Prinsenhof › S. 95 die Schlacht von La Hogue, als eine englisch-holländische Flotte 1692 die Franzosen besiegte.

㉜ Turmbau zu Babel Das um 1553 entstandene Gemälde von Pieter Brueghel ist ein Highlight des Rotterdamer Museum Boijmans van Beuningen › S. 93.

㉝ Amsterdam von oben Die Bar Twenty Third [F7] im 23. Stock des Luxushotels Okura bietet einen spektakulären Blick auf Amsterdam (Ferdinand Bolstraat 333, Amsterdam, Tel. 020/678 71 11, www.okura.nl).

… mit nach Hause nehmen sollten

㉞ Griene Tsiis Gouda gibt es nicht nur jung, mittelalt und alt, sondern auch grün und in zig weiteren Varianten, jedenfalls in De Kaaskamer [c1] (Runstraat 7, Amsterdam, Tel. 020/623 34 83, www.kaaskamer.nl).

35 Alles Käse Von wegen! Im Käsemuseum › S. 92 von Gouda sollte man sich einen Käsehobel kaufen, denn der erinnert zu Hause nicht nur beim Gouda an den Urlaub.

36 Holzschuhe Klischee? Natürlich, aber auch extrem praktisch, z. B. bei der Gartenarbeit. Eine riesige Auswahl handgeschnitzter, bunt bemalter Exemplare gibt es bei De Klompenboer/Wooden Shoe Factory [c3] (Sint Antoniesbreestraat 39, Amsterdam, Tel. 020/427 38 62, www.woodenshoefactory.com).

37 Tulpenzwiebeln Es gibt sie natürlich in jedem Souvenirladen, doch am schönsten – in prächtigen Formen und Farben – werden sie auf dem Amsterdamer Blumenmarkt am Singel › S. 56 präsentiert.

38 Dropjes Nirgendwo auf der Welt wird mehr Lakritz genascht als in den Niederlanden. Und es gibt die schwarzen *dropjes* mit Salmiak-, Anis- und Eukalyptusgeschmack, von süß bis salzig überall zu kaufen.

39 Leckereien aus Cranberries Auf Terschelling › S. 75 gedeihen die Beeren prächtig. In der Fabrik Cranberry Cultuur Skylge [F2] werden sie zu herbsüßen Säften, Sirups und Marmeladen verarbeitet und verkauft (Mersakkersweg 5, Formerum, Tel 05 62/44 88 00 www.terschellingercranberry.nl).

40 Nobeltje Nach Schokolade und Rum schmeckt dieser goldgelbe Likör von Ameland › S. 75, den man nur im Hotel Nobel [H1] kaufen kann, wo er vor über 100 Jahren erfunden wurde (Gerrit Kosterweg 16, Ballum, Tel. 05 19/55 41 57, www.hotelnobel.nl).

41 Fliesenkunst Die 1946–1963 in der Klinkenberg Kunstaardewerkfabriek hergestellten *tegels* zeigen farbige Reliefs mit historischen Ansichten holländischer Bauwerke. Eine Auswahl der begehrten Sammlerstücke (ab 85 Euro) führt Kramer Kunst & Antiek [d2], Nieuwe Spiegelstraat 64, Amsterdam, Tel. 020/ 623 08 32, www.antique-tileshop.nl.

42 Jeans von Nukuhiva Die niederländische Reisejournalistin und TV-Moderatorin Floortje Dessing versöhnt Natur und Industrie. Ihre nachhaltigen, oft aus recyceltem Material geschaffenen Kreationen sehen unverschämt gut aus (Jeans ab 65 Euro, Nuhukiva [a2], Haarlemmerstraat 36, Amsterdam, Tel. 020/420 94 83, www.nukuhiva.nl).

Holzschuhe sind manchmal bunt bemalt

50 Dinge, die Sie …

Auf dem Bloemenmarkt am Singel in Amsterdam werden allerlei Blumen angeboten

… bleiben lassen sollten

(43) Rauchen im Coffeeshop Cannabis ja, Tabak nein. Den Glimmstängel muss man vor der Tür, den Joint darf man wiederum nur drinnen rauchen: Ordnung muss sein!

(44) Fotos im Rotlichtbezirk Auf Streifzügen durch De Wallenwinkel lässt man Kamera oder Smartphone lieber in der Tasche. Die hier arbeitenden Damen schätzen Diskretion, die gegebenenfalls ein »Beschützer« recht rabiat durchsetzt.

(45) Auf Deutsch mit der Tür ins Haus fallen Wer sich nicht als arroganter *mof* outen möchte, beginnt ein Gespräch mit »Hallo« oder »Hoi«, gefolgt von der Frage »Kunt u Duits spreken?« Oft geht es. »Dank u wel!«

(46) Rad klauen lassen Machen Sie es wie die Holländer: Ketten Sie Ihr Rad mit mindestens zwei robusten Schlössern an einen Laternenpfahl.

(47) In Amsterdam auf das Navi verlassen Wenn Sie Amsterdams Innenstadt tatsächlich mit dem Auto erkunden wollen, schalten Sie Ihr Navi aus. Sonst landen Sie in der nächsten Gracht!

(48) Strandburgen bauen Die freiheitsliebenden Niederländer finden keinen Gefallen an solchermaßen abgesteckten Territorien – womöglich noch mit deutschen Fähnchen. Das geht gar nicht!

(49) Radfahrer ignorieren Menschen auf Drahteseln sind in Amsterdam gefährlicher als Autos, also halten Sie respektvoll Abstand von jedem rot asphaltierten Radweg. Und davon gibt es sehr, sehr viele!

(50) Holland und Niederlande verwechseln Die korrekte einheimische Bezeichnung für das gesamte Land ist Nederland (im Singular!). Holland ist eigentlich nur der nordwestliche Teil des Landes mit den beiden Provinzen Nordholland und Südholland.

Die ganze Welt von POLYGLOTT

Mit POLYGLOTT ganz entspannt auf Reisen gehen. Denn bei über 150 Zielen ist der richtige Begleiter sicher dabei. Unter www.polyglott.de finden Sie alle POLYGLOTT Reiseführer und können ganz einfach direkt bestellen. GUTE REISE!

Meine Reise, meine APP!
Ob neues Lieblingsrestaurant, der kleine Traumstrand, die nette Boutique oder ein besonderes Erlebnis: Die kostenfreie App von POLYGLOTT ist Ihre persönliche Reise-App. Damit halten Sie Ihre ganz individuellen Entdeckungen mit Fotos und Adresse fest, verorten sie in einer Karte, machen Anmerkungen und können sie mit anderen teilen. So wird Ihre Reise unvergesslich.

Mehr zur App unter www.polyglott.de/meineapp und mit dem QR-Code direkt auf die Seite gelangen

Geführte Tour gefällig?
Wie wäre es mit einer spannenden Stadtrundfahrt, einer auf Ihre Wünsche abgestimmten Führung, Tickets für Sehenswürdigkeiten ohne Warteschlange oder einem Flughafentransfer? Buchen Sie auf **www.polyglott.de/tourbuchung** mit rent-a-guide bei einem der deutschsprachigen Guides und Anbieter weltweit vor Ort.

Clever buchen, Geld sparen mit Gutscheinaktion unter www.polyglott.de/tourbuchung

Die Gutscheinaktion läuft mind. bis 01.07.2016. Veranstalter der Aktion: rent-a-guide GmbH

www.polyglott.de

Was steckt dahinter?

Die kleinen Geheimnisse sind oftmals die spannendsten. Wir erzählen die Geschichten hinter den Kulissen und lüften für Sie den Vorhang.

Warum gibt es Haken an den Giebeln?

Wer an Amsterdams Grachten Giebelstudien betreibt, wird feststellen, dass kein Giebel dem anderen gleicht. Doch ein Element weisen eigentlich fast alle Treppen-, Schnabel-, Glocken-, Hals-, Flaschen- oder Leistengiebel auf: den Hijsbalk, der weit oben aus der Giebelspitze herausragt. An ihm lässt sich nämlich ein Flaschenzug befestigen, der dringend benötigt wird, denn über die engen steilen Stiegen lassen sich sperrige Möbel nicht transportieren. Umzüge sind daher in Amsterdam immer spannend anzusehen.

Wie kommt man an ein Wohnboot?

Über 2400 Hausboote dümpeln noch immer in den Grachten von Amsterdam, etwa 750 in der Innenstadt. Neue Liegelizenzen werden nicht mehr erteilt, die Nachfrage aber ist da. Wer also ein Hausboot kaufen möchte, wird schnell feststellen, dass auch hier erst einmal die Lage zählt. In schönster Grachtenlage kann man daher schnell eine halbe Million Euro loswerden, Tendenz steigend. Preiswert ist das Leben auf den restaurierten flachen Lastkähnen allerdings auch so nicht mehr, dafür jedoch erstaunlich geräumig und mit Strom- und Wasseranschluss durchaus komfortabel. Wie es sich auf so einem Hausboot lebt, demonstriert das »Woonbootmuseum« [c1], das in der 1913 gebauten Hendrika Maria eingerichtet wurde, das einzige Museum seiner Art weltweit (Prinsengracht 296, Amsterdam, www.houseboatmuseum.nl). Übrigens gibt es solche Wohnboote nicht nur in Amsterdam, sondern z. B. auch in Rotterdam, Utrecht oder Groningen.

Wer hat die Lizenz zum Kiffen?

Der Konsum »weicher« Drogen wie Cannabis ist eigentlich auch in den Niederlanden nicht legal, er wird aber in geringen Mengen (bis 5 g für Personen ab 18 Jahren) geduldet. Zur Eindämmung des Coffeeshop-Tourismus beschloss 2011 die damalige Regierung die landesweite Einführung eines »Wietpas« genannten Klubausweises. Nach heftigen Protesten ruderte die 2012 neu gewählte Regierung zurück. So wurde in Zeeland, Nordbrabant und Limburg der Ausweis zwar 2012 eingeführt, dann aber wieder abgeschafft. Allerdings soll Personen, die ihren Hauptwohnsitz nicht in den Niederlanden haben, der Einlass in die Coffeeshops verwehrt werden. Wie das kontrolliert wird, entscheiden die Gemeinden. Amsterdam setzt auf die einfachste Lösung: gar nicht!

Keizersgracht in Amsterdam

REISE-PLANUNG & ADRESSEN

Die Reiseregion im Überblick

Tulpenfelder, Windmühlen, Grachtenidyll und eine schier endlose Küste mit Sportangeboten, Badespaß und vielen Events prägen das Bild vom »gemütlichen Holland«.

Doch mit diesen Klischees haben die Niederlande ihre Reize längst nicht ausgespielt: Moderne Architektur, innovative Museumskonzepte, pfiffige Gastronomie, schicke Wellnessoasen und originelle Attraktionen machen das kleine flache Land zwischen Nordsee, Rheindelta und Dollart zu einem Reiseziel voller Überraschungen. Die Distanzen in den Niederlanden sind gering, das sehr gut ausgebaute Straßennetz macht die Orientierung leicht.

Amsterdam lohnt wegen seiner berühmten Kunstmuseen, seines Grachtengürtels und seiner Kneipen und Märkte stets einen Besuch.

Im platten **Norden** reizt Friesland mit unzähligen Varianten von Himmelblau und Wiesengrün, getupft mit verträumten Klinkerstädtchen, charmanten Museen, alten Zugbrücken. Doch die Region hat noch mehr zu bieten: Groningen, das Planetarium in Franeker und fünf Inseln im Wattenmeer.

Ganz oben auf der Beliebtheitsskala deutschsprachiger Reisender steht die abwechslungsreiche **Nordseeküste,** an der sich die Campingplätze, Strandbäder und Dünenreservate aneinanderreihen. Hier finden Familien günstige Ferienquartiere. Freizeitkapitäne bevorzugen die Region um das IJsselmeer mit vielen modernen Marinas. Nur einen Steinwurf von der Küste entfernt liegen alte Handelsstädte wie Delft, Leiden und Haarlem; das moderne Rotterdam nennt sich stolz »Klein-Manhattan an der Nordsee«.

In der **Landesmitte** haben sich Städte wie Utrecht, Arnhem und Apeldoorn mit bedeutenden Kunst- und Kulturstätten geschmückt. Der

---

Daran gedacht?

Einfach abhaken und entspannt abreisen

- [ ] Reisepass / Personalausweis
- [ ] Flug- / Bahntickets
- [ ] Zulassungsschein Teil 1
- [ ] Führerschein
- [ ] Zeitungsabo umleiten oder abbestellen
- [ ] Sitter für Pflanzen und Tiere organisieren
- [ ] Briefkastenleerung organisieren
- [ ] Bade- und Strandsachen
- [ ] Wind- und Regenjacke
- [ ] Ladegeräte mitnehmen
- [ ] EC- / Kreditkarte einstecken
- [ ] Krankenversicherungskarte einstecken
- [ ] Hauptwasserhahn abdrehen
- [ ] Heizung ausstellen
- [ ] Licht ausknipsen
- [ ] Fenster zumachen

Museumspark in der Hoge Veluwe, die Land-Art-Projekte in Flevoland und die Hansestädte entlang der IJssel sind ebenso charmante wie beliebte Ziele.

Auch der **Süden** des Landes, zwischen Maastricht, Venlo und 's-Hertogenbosch, trumpft nicht nur in den historischen Städten auf, sondern lockt auch mit dem Labyrinth von Vaals und dem Schlosspark von Arcen.

Typisches Einzelgehöft in Drenthe

Klima & Reisezeit

Vom Golfstrom gemäßigtes Seeklima bedingt angenehme Sommer, in denen die Temperaturen selten über 27 °C steigen, und relativ milde, ausgeglichene, aber oft regenreiche Winter.

Die regionalen Klimaunterschiede halten sich in Grenzen. In Limburg, Zeeland und auf den Watteninseln scheint die Sonne häufiger als im übrigen Binnenland, Regenfronten ziehen besonders im Frühjahr im Allgemeinen schnell übers Land. An der Küste bläst stetig der – manchmal böige – Wind aus Nordwest.

Die kulturellen Highlights des Landes sind das ganze Jahr über eine Reise wert. Blumenfreunde genießen die farbenfrohe Blütenpracht der Bollenstreek im April oder Mai, Strandurlauber reisen zwischen Mai und September, wobei es während der Sommerferien in den Monaten Juli und August an den Stränden der größeren Badeorte recht voll wird und viele der Unterkünfte schnell ausgebucht sein können. Auch während der Maiferien nach dem Koningsdag am 30. April sind die populären Ausflugsziele äußerst gut besucht. In der Wintersaison zählen besonders Reisen in die Städte Amsterdam, Delft, Haarlem und Leiden mit einer Vielfalt an interessanter Museen zu den attraktiven Destinationen der Niederlande.

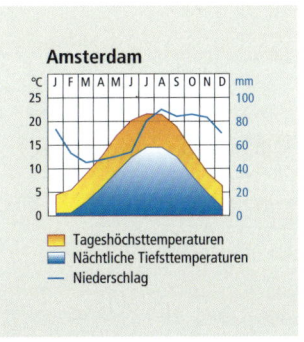

Anreise

Mit dem Flugzeug
Der Flughafen Schiphol (www.schiphol.nl) liegt 18 km südlich von Amsterdam. Alle 15 Min. verkehren Züge von und nach Amsterdam, Den Haag und Rotterdam. Rotterdams internationaler Airport (www.rotterdam-airport.nl), 6 km nördlich des Stadtzentrums, wird aus dem deutschsprachigen Raum derzeit direkt von München, Friedrichshafen und Innsbruck aus angeflogen.

Mit dem Auto
Über die Autobahn sind die Niederlande bequem zu erreichen: Über Oberhausen führt die A 12 Richtung Utrecht, von Köln die A 67/E 31 über Venlo Richtung Rotterdam, von Berlin und Hamburg aus erschließt die A 7/E 22 über Groningen das Land. Aus Süddeutschland fährt man über Nürnberg bzw. Stuttgart und Frankfurt/Main nach Köln weiter in die Niederlande.

Mit der Bahn
Mehrmals täglich fahren ICE- und IC-Züge nach Amsterdam, Utrecht und Rotterdam. Von Frankfurt braucht der ICE etwa vier Stunden bis nach Amsterdam, von Köln knapp drei. Eine komfortable Variante sind die Nachtreisezüge CityNightLine ab München, Augsburg und Stuttgart sowie ab Zürich, Basel, Freiburg und Karlsruhe über Frankfurt/Main, Köln, Düsseldorf, Arnhem und Utrecht nach Amsterdam. Die Bahn bietet günstige Spartarife an (www.bahn.de).

Mit dem Bus
Von vielen deutschen Großstädten gelangt man mit den Bussen der Deutschen Touring nach Arnhem, Eindhoven, Utrecht, Groningen, Amsterdam, Den Haag und Rotterdam (www.eurolines.de). Weitere Verbindungen bieten die Fernbusse von Berlin Linien Bus (www.berlinlinienbus.de) und Mein Fernbus FlixBus (www.meinfernbus.de, www.flixbus.de).

Reisen im Land

Mit dem Auto
Verkehrsschilder weisen meist die Verbindungen über das Autobahnnetz und großzügig dimensionierte Ringstraßen aus, Nebenstrecken sind etwas schwerer zu finden. Die Höchstgeschwindigkeit beträgt auf Autobahnen 120 km/h, auf Landstraßen 80 km/h, in Ortschaften 50 km/h. Die Promille-

Reisen im Land

grenze liegt bei 0,5, es gilt Gurtpflicht für alle Fahrzeuginsassen. Bei Unfällen und Pannen hilft der niederländische Automobilklub **ANWB**, Tel. 0 800/08 88.

Mietwagen sind in allen größeren Städten zu bekommen. Generell ist die Vorausbuchung vom Heimatland aus günstiger.

Vorsicht: Entenwanderung

Um es VERKEHRSSÜNDERN möglichst schwer zu machen, hat man sich so einiges einfallen lassen: künstliche Bodenwellen (sog. Drempels), versenkbare Zufahrtssperren, einfallsreich platzierte Radarfallen und hohe Strafen für Regelverstöße.

Mit Bahn und Bus

Mit der Bahn (Nederlandse Spoorwegen) erreicht man dank des dichten Streckennetzes fast alle sehenswerten Orte; das regionale Busnetz Connexxion sorgt für die Anbindung kleinerer Dörfer oder Badeorte. Im Halbstunden- oder Stundentakt bis tief in die Nacht verkehren Züge zwischen Amsterdam, Den Haag, Rotterdam und Utrecht.

Zu den attraktiven Sondertarifen zählen u. a. Tagesnetzkarten (Dagkaart) und Zomertoer-Tickets (gültig im Juli/August an 2 innerhalb von 7 Tagen). Kinder zwischen 4 und 11 Jahren in Begleitung eines Erwachsenen nutzen auf allen Strecken das günstige Railrunner-Ticket.

An 49 Bahnhöfen im Land warten Sammeltaxis (NS Zonetaxis), die Bahnreisende günstig zu jeder beliebigen Adresse im Stadtgebiet bringen.
- **NS Zonetaxi** | Tel. 09 00-6 79 82 94 (0,20 €/Min., max. 1 €/Anruf) | www.ns-taxi.nl
- **Connexxion** | www.connexxion.nl

2015 müssen Reisende an den Bahnhöfen Amsterdam Centraal, Rotterdam Centraal und Delft wegen umfangreicher Baumaßnahmen mit ständig wechselnder Wegeführung rechnen.

Stadtverkehr

Das Nahverkehrssystem in den Großstädten ist sehr gut ausgebaut. Die Nationale Strippenkaart (Streifenkarte) gilt landesweit in allen Nahverkehrsmitteln, innerhalb der Stadtgrenzen von Amsterdam, Rotterdam, Utrecht und Den Haag auch für den Zugverkehr. Die Zahl der zu entwertenden Streifen richtet sich nach den Zonen (Übersicht an den Haltestellen), wobei stets ein Streifen extra als Grundtarif entwertet werden muss. Die Karte ist in Bahnhöfen, Postämtern, Tabakläden und VVV-Infobüros erhältlich.

SPECIAL

Unterwegs mit Kindern

Die Niederlande sind ein erstklassiges Urlaubsziel für Familien, besonders im Sommer. Die Nordseeküste mit ihren langen Stränden zwischen Zeeland im Süden und dem nordholländischen Dünenreservat sowie den fünf Watteninseln erweist sich als Ferienparadies für Kinder jeden Alters. Zudem gibt es viele Freizeitparks, Zoos, Märchenwälder, Erlebniswelten oder spezielle Kindermuseen.

Freizeitparks en masse

Die niederländischen Erlebniswelten sind ein teurer Spaß, punkten dafür aber mit etlichen Attraktionen, Loopingbahnen, Abenteuerlandschaften, Kindershows und Fast Food. Sogar thematisch abgestimmte Nachtquartiere kann man buchen, schließlich stammt auch die Idee der Center Parks aus den Niederlanden. Spitzenreiter unter den Freizeitparks sind das mit Attraktionen gespickte Märchenland **De Efteling** und der Achterbahnpark **Walibi Holland** auf Flevoland. Von der Nordseeküste sind die Miniaturlandschaften von **Madurodam** bei Den Haag und der Erlebnispark **Duinrell** in Wassenaar gut erreichbar. Im Landesinneren ziehen das Märchenparadies **Toverland** in Limburg oder **Slagharen** nahe Hogeveen u. a. Tagesausflügler aus Deutschland an. Duinrell bietet ein Tropen- und Wellenbad, auch Slagharen hat ein tolles Bad. Ein weiteres Spaßbad, **Mosaqua,** lockt in Gulpen (zwischen Aachen und Maastricht). In der Regel sind alle Parks von April bis Okt. täglich geöffnet, viele im Sommer bis spätabends. **50 Dinge** ⑥ › S. 12.

- **De Efteling** [F11]
  Europalaan 1 | 5171 KW Kaatsheuvel
  Tel. 04 16/53 77 77
  www.efteling.nl
- **Walibi Holland** [H7]
  Spijkweg 30
  8256 RJ Biddinghuizen

Kinder SPECIAL

Tel. 03 21/32 99 99
www.walibi.nl
- **Madurodam** [D9]
  George Maduroplein 1
  2584 RZ Den Haag
  Tel. 070/416 24 00
  www.madurodam.nl
- **Duinrell** [D8/9]
  Duinrell 1
  2242 JP Wassenaar
  Tel. 070/515 52 55
  www.duinrell.nl
- **Toverland** [J12]
  Toverlaan 2
  5975 MR Sevenum
  Tel. 077/467 70 50
  www.toverland.nl
- **Slagharen** [K5]
  Zwarte Dijk 37
  7776 PB Slagharen
  Tel. 05 23/68 30 00
  www.attractiepark-slagharen.nl
- **Mosaqua** [J15]
  Landsraderweg 11
  6271 NT Gulpen
  Tel. 043/450 74 00
  www.mosaqua.nl

Tierparks

Die schönsten und größten Anlagen der Niederlande sind neben dem einzigartigen Affenpark **Apenheul** › S. 123 der Amsterdamer **Zoo Artis** › S. 52 mit mehr als 6000 Tieren sowie **Burger's Zoo** in Arnhem mit seinen großen Gehegen und drei weitläufigen Landschaftshallen. Darin spaziert man durch Regenwald oder durch einen Mangrovensumpf mitsamt Bewohnern.

- **Burger's Zoo** [J9]
  Antoon van Hoofplein 1
  6816 SH Arnhem
  Tel. 026/442 45 34
  www.burgerszoo.nl
  April–Okt. tgl. 9–19, sonst bis 17 Uhr.

Spielen in neuer Dimension

Der **Linnaeushof** bei Haarlem ist mit mehr als 350 Attraktionen und Spielgeräten Europas größter Spielplatz. Ähnliches in kleinerem Maßstab bietet das **Speelland Beekse Bergen** bei Tilburg, das zudem mit seinem benachbarten Safaripark auftrumpft.

- **Linnaeushof** [E7/8]
  Rijksstraatweg 4
  2121 AE Bennebroek
  Tel. 023/584 76 24
  www.linnaeushof.nl
  April–Okt. tgl. 10–18 Uhr
- **Speelland Beekse Bergen** [G12]
  Beekse Bergen 1
  5081 NJ Hilvarenbeek
  Tel. 09 00/233 57 32
  www.beeksebergen.nl
  Tgl. 10–17, Juli/Aug. bis 18 Uhr.

Stichwort Ontdekhoek

Spannende »Entdeckerecken« mit vielen Bastel-, Spiel- und Experimentierangeboten und netten, mehrsprachigen Betreuern kann man nutzen in:

- **Amsterdam** [E7]
  Burgemeester Hogguerstr. 2
  www.ontdekhoek.nl
  Di–Sa 10–17 Uhr,
- **Rotterdam** [D10]
  Pannekoekstr. 55
- **Zwolle** [E7]
  Hogeschool Windesheim
- **Sittard** [J14]
  Valkstr. 10

Sport & Aktivitäten

Die Niederländer kämpfen seit Jahrhunderten nicht nur gegen das Wasser, sie haben auch Spaß daran. Neben Wassersport in allen Varianten gibt es herrliche Wandermöglichkeiten und ausgezeichnete Golfplätze.

Wassersport

Baden, Segeln, Surfen – an der Nordsee und am IJsselmeer sowie auf den Inseln locken wunderbare Sandstrände mit hervorragender Infrastruktur die Wassersportler.

GELBE UND ROTE FAHNEN markieren Strandbereiche mit riskanter Strömung oder gefährlicher Brandung. Im Sommer sind viele Strände bewacht. Kinder sollten nicht unbeaufsichtigt am Meeressaum spielen. Bei stürmischem Wetter sind (meist unbeheizte) Pools in Hotels und Feriensiedlungen eine Alternative.

Seen, Kanäle und Flüsse kann man mit einem traditionellen Fischerboot, einer Segeljacht, einem Kajütboot oder per Kajak erkunden.

Surfunterricht gibt es in allen Badezentren; wer allein auf die Nordsee hinaus will, sollte Erfahrung mitbringen. Auch Trendsportarten wie Blokart und Powerkiten kann man vielerorts ausprobieren.
Infos beim **Niederländischen Büro für Tourismus & Convention** (› S. 153, www.niederlande.de) sowie bei den regionalen Informationsbüros (VVV).

Locaboat Plaisance
Vermittelt Hausboote, die man führerscheinfrei über holländische Wasserstraßen steuern darf.

- Ludwigstraße 1 | 79104 Freiburg
  Tel. 07 61/2 07 73 70
  www.locaboat.de

Fahrradfahren
› **Special S. 71.**

Wandern

Überall im Land gibt es ausgeschilderte Themenrouten. An Volkswandertagen sowie während der nationalen Wanderwoche Anfang Mai durchstreifen Tausende die Landschaft. Beliebte Fernwanderwege sind u. a. der 490 km lange Pieterpad, der das Land von Nord nach Süd durchquert, und der 164 km lange Hansestädtepfad (Doesburg – Zutphen – Deventer – Kampen). Der Nederlandse Kustpad folgt als Teil des europäischen North Sea Trail (www.northseatrail.org) der niederländischen Küste (725 km).

Wandelsport Bond [F9]
- Pieterskerkhof 22 | 3512 JS Utrecht
  Tel. 030/231 94 58
  www.nwb-wandelen.nl
  (nur Niederländisch; Infos zum Wegenetz auch auf www.niederlande.de)

Reiten

Zahlreiche Reitställe, vor allem in Zeeland, vermieten Pferde für Ausritte auf den vielen ausgeschilderten Reitpfaden durch den Dünengürtel

Sport & Aktivitäten

Erholsame Radtouren auf Schiermonnikoog

oder am Meer entlang. Auch Kutschentouren am Strand werden angeboten.

Nederlandse Vereniging voor Vrijetijds Ruiters [M3]
- Weenderstraat 75
  9541 TB Vlagtwedde
  Tel. 035/548 36 50 | www.nvvr.info
  (nur Niederländisch; Infos zum Wegenetz auch auf www.niederlande.de)

Golf
Zwischen Dünen, Meer und Kiefernwäldern stehen viele Plätze von internationalem Niveau auch Gästen gegen eine moderate Greenfee offen (Infos bei den Touristenbüros und unter www.niederlande.de). Die Website des Königlich Niederländischen Golfvereins (www.golf.nl, nur Niederländisch) listet unter »Banen« alle Golfplätze auf.

Wellness
Wo schon römische Heerführer entspannten, können heute Besucher das wohltuende fluorid- und jodidreiche Thermalwasser genießen. Die meisten Bäder liegen im Süden der Niederlande. Sie locken mit Wellnesstagen und Schönheitspackungen, Sauna- und Badelandschaften, Kräuterwhirlpools, Salzwasser- und Schwimmbecken.

Thermaalbad Arcen [K12]
- Klein Vink 11 | Tel. 077/473 24 24
  www.thermaalbad.nl | tgl. 8–23 Uhr.

Thermae 2000 [J15]
- Cauberg 25 | Valkenburg
  Tel. 043/609 20 00 | www.thermae.nl
  tgl. 9–23 Uhr

Thermen Born [J14]
- Langereweg 21a
  www.thermenborn.nl | tgl. 11–23 Uhr

Sanadome [J10]
- Weg door Jonkerbos 90 | Nijmegen
  www.sanadome.nl | tgl. 9–23.30 Uhr

Fontana-Thermen [M2]
- Weg naar de Broon 3–9
  Bad Nieuweschans
  www.fontananieuweschans.nl
  tgl. 9–22.45 Uhr

Kleine bunte Strandhäuschen sind vielerorts an der langen Nordseeküste zu finden

Unterkunft

Über Buchungsplattformen im Internet wie www.hrs.com, www.hotels.nl oder www.booking.com/niederlande kann man – auch kurzfristig – günstige Arrangements ergattern, vergleichen lohnt sich.

Ausgewählte Quartiervorschläge der Fremdenverkehrsverbände findet man unter www.niederlande.de. Auch die meisten Informationsbüros vor Ort (VVV) bieten einen Buchungsservice an.

Hotels

Sämtliche Hotels unterliegen der »Benelux-Hotel-Klassifizierung«, die sich nach der Ausstattung des jeweiligen Hauses richtet. Generell ist der Standard der niederländischen Hotellerie etwas einfacher als in Deutschland oder Österreich, und die Preise sind im europäischen Vergleich relativ günstig, in der Sommersaison liegen sie um 20 bis 30% höher als während der restlichen Monate.

Bed & Breakfast

Eine reizvolle Alternative zu einer Übernachtung in den Hotels, vor allem in den Städten, bieten mehr als 5200 B & B-Gastgeber mit sehr individuellen Schlafgelegenheiten. Übernachtungsmöglichkeiten in schmucken, traditionell eingerichteten Herrschaftszimmern von Bauernhöfen vermittelt der Verband De Pronkkamer.

Bed & Breakfast Service Nederland [G12]
- Hallenstraat 12a
  5531 AB Bladel
  www.bedandbreakfast.nl

De Pronkkamer [J5]
- Binnenweg 33 | 8378 JJ Paasloo
  Tel. 05 95/42 52 31
  www.pronkkamer.nl

Unterkunft

Hostels

26 sog. Stayokay Hostels mit insgesamt 5000 Betten sind meist zentral in historischen Gebäuden oder in landschaftlich reizvoller Lage eingerichtet. Es gibt preiswerte Familienzimmer und Mehrbettunterkünfte. Onlinereservierung empfohlen.

Hoofdkantoor Stayokay [F7]
- Timorplein 21a
  1094 CC Amsterdam
  Tel. 020/551 31 33
  www.stayokay.com

Eine Übersicht über die unabhängigen Hostels in den Niederlanden findet man auf der Website www.hostelnetherlands.com.

Camping, Trekkershutten und Ferienhäuser

Wildes Campen ist streng verboten. Dafür gibt es landesweit rund 1500 Campingplätze, die in den Sommermonaten sehr beliebt sind. Eine Alternative zum Zelt sind die auf vielen Plätzen installierten Trekkershutten, einfache Holzhütten für meist vier Personen.

Über die Fülle an Ferienhäusern, vom Holzhäuschen bis zur Luxusvilla in den Dünen, informieren die regionalen Tourismusorganisationen sowie www.niederlande.de.

An der Küste sind die Quartiere vor allem in den Sommermonaten schnell ausgebucht, hier sollte man rechtzeitig reservieren. Informationen über alle Campingplätze der Niederlande unter www.camping.de und www.nederland-camping.nl (nur Niederländisch).

Stichting Trekkershutten [B12]
- Postbus 413 | 3430 AK Nieuwegein
  Tel. 030/286 29 90
  www.trekkershutten.nl
  (nur Niederländisch)

Aan Zee
Vermittelt Ferienhäuser in Friesland, Zeeland, Südholland und Ameland.
- Tel. 071/364 11 11
  www.aanzee.nl

Kuriose Nachtquartiere

- In luftiger Höhe im Hafenkran, oben im Leuchtturm oder auf einem echten Rettungsboot schläft man im Hafen von **Harlingen** – und das äußerst luxuriös. › S. 66
- Richtig rund geht es im Hotel **De Vrouwe van Stavoren** am IJsselmeer, wo imposante Weinfässer gemütlich ausgestattet wurden. › S. 69
- Wie in der Steppe: Auf **Texel** stehen geräumige mongolische Jurten im Dünensand. › S. 74
- In Reih und Glied stehen die bunten **Slaapstrandhuisjes** direkt am Strand von Vlissingen. Kein Wunder, wenn man wegen der kreischenden Möwen und der tosenden Brandung in der ersten Nacht nicht schlafen kann … › S. 86
- Alles, was man braucht, inklusive Küche und Bad, findet in den Bahnwagen des **Controversy Tram Inn** in Hoogwoud bei Hoorn Platz. › S. 110

In Alkmaar findet ein traditioneller Käsemarkt statt

LAND & LEUTE

Steckbrief

- **Landeshauptstadt:** Amsterdam
- **Regierungssitz:** Den Haag
- **Fläche:** 41 528 km²
- **Bevölkerung:** 16,8 Mio.
- **Bevölkerungsdichte:** 405 Einw./km²
- **Höchster Punkt:** Vaalser Berg, 321 m
- **Gemeinden:** 403 selbstständige Gemeinden in 12 Provinzen
- **Staatsoberhaupt:** König Willem Alexander
- **Landesvorwahl:** 0031

- **Währung:** Euro
- **Zeitzone:** MEZ

Lage und Geografie

Zwischen der Nordseeküste im Westen und Norden sowie dem Flussdelta des Rheins im Süden grenzen die Niederlande an die deutschen Bundesländer Nordrhein-Westfalen und Niedersachsen sowie an Belgien.

Knapp ein Viertel des Staatsgebietes, das zum Teil erst vor wenigen Jahrzehnten durch Einpolderung von Meeresbuchten entstand, liegt unterhalb des Meeresspiegels; es wird durch Dünen, Deiche mit einer Gesamtlänge von rund 3000 km und komplizierte Pumpsysteme vor Überflutung geschützt. Die rundum mit Deichen und Wehren befestigte Zuiderzee war noch vor hundert Jahren eine Meeresbucht. Nur im Südosten beleben Hügel und der bescheidene Vaalser Berg bei Maastricht die Geografie des ansonsten flachen Landes. Allerdings: Die höchste Sanddüne bei Schoorl an der Nordseeküste ist immerhin auch 54 m hoch. Die zeeländischen Inseln im Süden sowie die fünf Watteninseln im Norden sind beliebte Urlaubsregionen.

Das dicht besiedelte und intensiv bewirtschaftete städtische Ballungszentrum zwischen Amsterdam, Den Haag, Rotterdam und Utrecht wird Randstad genannt. Hier drängen sich die bunten Würfelhaufen von Industriegebieten und Schlafstädten, die Straßenschleifen des manchmal unübersichtlichen Autobahnnetzes, schnurgerade Schnellbahnlinien und die Gewächshausreihen der Blumenzüchter – aber es finden sich auch einzigartig schöne historische Altstädte mit behutsam renovierter Bausubstanz und malerischen Winkeln.

Politik und Verwaltung

Seit 1848 werden die Niederlande als konstitutionelle Monarchie regiert. Die politische Gewalt übt das Zwei-Kammern-Parlament aus. Die 150 Mitglieder der zweiten und wichtigeren Kammer werden direkt vom Volk gewählt, während die 75 Mitglieder der ersten Kammer aus den Provinzparlamenten entsandt werden. Derzeit sind elf Parteien in der zweiten Kammer vertreten. Die vier größten Fraktionen bilden die rechtsliberale VVD, die sozialdemokratische PvdA, die rechtspopulistische PVV und die sozialistische SP. Ministerpräsident ist seit 2010 Mark Rutte (VVD). Er steht im Kabinett einer Koalitionsregierung von VVD und PvdA vor.

Das Königreich zählt zwölf Provinzen sowie die Karibikinseln Aruba, Curaçao und Sint Maarten als überseeische autonome Landesteile. Staatsoberhaupt ist seit 2013 König Willem Alexander. Hauptstadt ist Amsterdam, Regierungssitz Den Haag. Neben dem Parlament und anderen Staatsorganen tagt dort auch der Internationale Gerichtshof der Vereinten Nationen.

Wirtschaft

Nicht etwa die unübersehbar effiziente Landwirtschaft ist der Wirtschaftsfaktor Nummer eins, sondern der Güter- und Dienstleistungssektor in der dicht besiedelten Randstad, dem Städtekonglomerat zwischen Amsterdam und Rotterdam, in dem rund 73 % des Bruttosozialprodukts des Landes erwirtschaftet werden.

Rotterdam, der nach Shanghai und Singapur drittgrößte Seehafen der Welt, fungiert als Europas Drehscheibe für den globalen Warenstrom. Multinationale Konzerne der Lebensmittel-, Erdöl- und Elektroindustrie sowie internationale Chemiefirmen haben in der modernen Hafenstadt ihre Niederlassungen.

Landwirtschaft, Gartenbau und Fischerei sind der zweitwichtigste Faktor im Staatshaushalt. Mit Abstand halten die Niederlande den Weltrekord bei Zucht und Export von Tulpenzwiebeln: Jährlich werden rund 2,2 Mrd. Zwiebeln und 800 Mio. blühende Tulpen in alle Welt exportiert. Als Hauptabnehmer liegen dabei die Schweiz und Deutschland auf Platz eins und zwei. Deutschland ist mit einem Viertel des Exports der wichtigste Handelspartner der Niederlande.

Ein bedeutender Wirtschaftsfaktor ist auch der Tourismus mit jährlich rund 11 Mio. Besuchern. Die Feriengäste, darunter rund 3,5 Mio. Deutsche, sichern der Branche einen Umsatz von ca. 4,5 Mrd. Euro und ca. 300 000 meist saisonale Arbeitsplätze – besonders in den historischen Städte, an Nordsee und IJsselmeer.

Die niederländische Wirtschaft ist stark, die Arbeitslosenquote sehr niedrig. Die globale Wirtschaftskrise ging an dem kleinen Land fast spurlos vorbei. Flexible Arbeitszeitregelungen, der hohe Anteil an international vernetzten Dienstleistungen sowie der typisch niederländische Pragmatismus tragen zum anhaltenden Optimismus bei.

Geschichte im Überblick

Ab 50 v. Chr.–400 n. Chr. Unterwerfung der germanischen Bataver durch Julius Cäsar.
845 Nach dem Tod Karls des Großen werden die Gebiete südlich der Schelde Frankreich zugeschlagen, die Niederlande fallen an Lothringen, später an Habsburg, deren Statthalter das Land regieren.
1519 Im Mittelalter bestehen die Niederlande aus selbstständigen Territorien: den Herzogtümern Geldern und Brabant, den Grafschaften Holland und Zeeland sowie dem Bistum Utrecht. Unter Karl V. (1500–1558) werden diese als »Niedere Lande« mit dem heutigen Belgien und Luxemburg vereinigt und Teil des burgundisch-habsburgischen Reichs.
1556 Philipp II. von Spanien bekämpft die Reformation in den Niederlanden.
1568–1648 80-jähriger Freiheitskampf. Prinz Willem von Oranien, der »Vater des Vaterlandes«, führt den Kampf um die Unabhängigkeit vom habsburgischen Spanien und die Glaubensfreiheit an. Im Westfälischen Frieden von 1648 wird die Souveränität der Republik der Vereinigten Niederlande anerkannt.
17. Jh. Niederländische Kaufleute gründen Handelsniederlassungen in aller Welt und dominieren bald den internationalen Seehandel.
1795 Die Niederlande werden ein Vasallenstaat Frankreichs.
1814 Nach dem Ende der französischen Besatzung wird das Königreich der Niederlande gegründet. Es besteht aus den heutigen Niederlanden sowie Belgien und Luxemburg.
1830 Belgien wird unabhängig. Die Niederlande erhalten ihre heutigen Grenzen.
1914–18 Im Ersten Weltkrieg bleiben die Niederlande neutral.
1920 Beginn der Trockenlegung der Zuiderzee.
1940 Deutsche Truppen besetzen das Land. Die Königsfamilie geht ins Exil nach London.
1953 Am 1. Februar fordert eine Flutkatastrophe über 1800 Tote.
1958 Gründung der Wirtschaftsunion der Beneluxländer.
1986 Am 4.10. eröffnet Königin Beatrix das Sturmflutwehr in der Oosterschelde. Abschluss des Deltaplans › S. 89. Flevoland wird zwölfte Provinz der Niederlande.
2002 Der Mord an Oppositionspolitiker Pim Fortuyn führt einen Regierungswechsel herbei.
2004 Der Filmemacher Theo van Gogh wird in Amsterdam von einem Islamisten ermordet.
2012 Nach vorgezogenen Parlamentswahlen bilden rechtsliberale VVD (Ministerpräsident Mark Rutte) und sozialdemokratische PvdA eine Große Koalition.
2013 Thronbesteigung von König Willem Alexander.
2014 Beim Abschuss des Malaysia-Airline-Flugs 17 über der Ostukraine sterben 298 Menschen, darunter 192 Niederländer.

Natur & Umwelt

In den Niederlanden beschäftigt sich eine starke Umweltlobby mit den Folgen der intensiven Landnutzung und den Gefahren des Klimawandels.

Kein anderes Volk hat seine Umwelt so konsequent nach wirtschaftlichen Vorgaben geformt wie die Niederländer. Langsam ändern Landwirte und Verbraucher ihr Verhalten, produzieren bzw. kaufen Biogemüse und entwerfen Modelle für eine umweltschonendere Zukunft der Landwirtschaft, der Fischerei sowie der Energieerzeugung.

Obwohl die Niederlande zu den dichtbesiedelten Staaten Europas gehören, gibt es nach wie vor ausgedehnte fast menschenleere Gebiete. 200 000 ha Wald-, Dünen-, Heide- und Moorlandschaft stehen neben weiten Teilen des Wattenmeeres unter Naturschutz. Der bekannteste der 20 Nationalparks des Landes (www.nationaalpark.nl) ist De Hoge Veluwe in Gelderland › S. 123.

Die Küstenlandschaft des Wattenmeeres, ein 7 bis 40 km breiter und etwa 450 km langer Streifen von Texel bis nach Sylt, ist eine amphibische Welt voller Leben, ein Paradies für Wasservögel und die Kinderstube der Nordseefische. Seit 2009 darf sich das Wattenmeer mit dem Titel UNESCO-Weltnaturerbe schmücken. Allein im niederländischen Wattenmeer leben mehr als eine halbe Million Vögel, im Herbst steigt ihre Zahl auf etwa 4 Mio. an.

!Erst-klassig

Die schönsten Parks und Gärten

- Heilkräuter und seltene endemische Pflanzen kann man am Rand des Amsterdamse Bos bei Amstelveen entdecken: im Naturgarten **De Braak** und im **Dr. Jacques P. Thijsse Park** mit über 600 Wildpflanzen. › S. 56
- Leiden lockt mit dem ältesten **Botanische Garten** der Welt. Hier pflanzte 1581 der Arzt und Botaniker Carolus Clusius die erste Tulpe in Europa. › S. 100
- Mal märchenhaft verwunschen, dann wieder ganz aufgeräumt präsentiert sich die Gartenvielfalt um den Landsitz **De Wiersse** nordöstlich von Arnhem. › S. 122
- Royale Pracht verbreitet der klassisch-französische Barockgarten des **Koninklijk Paleis Het Loo** bei Apeldoorn. › S. 123
- Der **Schlosspark Arcen** gilt als schönster Blumenpark der Beneluxländer. › S. 142
- **Tuinen Mien Ruys** [K6]
28 experimentelle Stilgärten sind das Erbe der Gartenarchitektin Mien Ruys. Gerade Linien, überraschende Sichtachsen und die Vielfalt der heimischen Stauden prägen die Anlage nördlich von Zwolle.
Moerheimstraat 84,
7700 AB Dedemvaart
www.mienruys.nl
April–Okt. Di–Sa
10–17, So 12–17 Uhr

Natur & Umwelt

Auf den Sandbänken vor Ameland und Schiermonnikoog tummeln sich nicht nur junge Seehunde, dort liegt auch das größte mitteleuropäische Brutgebiet der Brandseeschwalbe; ferner kann man Gänse Löffler, Reiher, Eiderenten, Austernfischer und Alpenstrandläufer beobachten.

Mit zunehmender Verschmutzung der Gewässer durch Industrie und Landwirtschaft wird das Gleichgewicht des Wattenmeeres empfindlich gestört. Seit Jahren kämpfen verantwortungsvolle Politiker und Umweltschützer vergeblich gegen die Erhöhung der Förderquoten von Öl und Erdgas im friesischen Wattenmeer.

Kunst & Kultur

Kunst des Mittelalters
Im Mittelalter gaben vor allem kirchliche Finanziers außerordentlich wertvolle Gebäude und Kunstwerke in Auftrag, die heute den erstklassigen Ruf des kulturellen Erbes in den Niederlanden begründen. Der Reliquienschrein der Maastrichter St. Servaasbasiliek, der ältesten Kirche des Landes, sowie der Utrechter Dom › **S. 129** sind herausragende Beispiele der Romanik. Zur Zeit der Gotik entstanden die ersten beeindruckenden Profanbauten wie Stadttore, Zunfthallen und Bürgerhäuser, die den flämischen Einfluss erkennen lassen.

Das Goldene Jahrhundert
Zu Ende des 16. Jhs. veränderte sich mit dem Freiheitskampf der nördlichen Niederlande die politische Landkarte. Die junge Republik der Sieben Vereinigten Niederlande stieg zur führenden Handelsmacht auf. Viele Künstler flüchteten aus Antwerpen in den Norden, wo seit der Renaissance der Kunstmarkt erblühte. Private Sammler suchten nach stabilen Geldanlagen, etwa in Gemälden berühmter Porträtmaler. Der geniale Rembrandt Harmenszoon van Rijn (1606–1669) war während seiner Amsterdamer Zeit ein ebenso hoch dotierter Künstler wie Frans Hals (1585–1666) in Haarlem. Zeitgleich entstanden in Amsterdam die Prachtbauten am Grachtengürtel. Höhepunkt ist das von Jacob van Campen (1595–1657) erbaute Rathaus, jetzt das Koninklijk Paleis.

Die Moderne
Im 18. Jh. ließ die Phase der Industrialisierung kaum künstlerische Entwicklungen zu; die Haager Impressionistenschule war eine späte Antwort auf die Französische Schule in Barbizon. Dann aber begründete Vincent van Gogh (1853–1890) die moderne Malerei in den Niederlanden. In der Architektur repräsentieren P. J. H. Cuypers (1827–1921), der Architekt des Rijks-

Kunst & Kultur

Kijk-Kubus in Rotterdam – diesen Haustyp entwarf Piet Blom

museums und des Hauptbahnhofs in Amsterdam, und H. P. Berlage (1856 bis 1934), der die Amsterdamer Börse und das Schloss St. Hubertus im Nationalpark De Hoge Veluwe baute, den Wechsel zur Moderne.

Innovative Avantgarde

Die Amsterdamer Schule und Architekten wie J. J. P. Oud (1906–1963) in Rotterdam gaben dem urbanen Wohnungsbau in Europa wesentliche Impulse. Im 20. Jh. gehörten unterschiedliche niederländische Künstler zur Avantgarde, die jedoch eines gemeinsam hatten: sie lebten und arbeiteten im Ausland, wie Piet Mondriaan (1872–1944), Theo van Doesburg (1883 bis 1931) und Willem de Kooning (1904–1997). Mondriaan und van Doesburg gehörten 1917 zu den Gründungsmitgliedern der wegweisenden Künstlergruppe »De Stijl«. Mit Gerrit Rietveld (1888–1964), einem späteren De-Stijl-Mitglied, beginnt die Geschichte des modernen »Dutch Design«, das von der Mode über die Innenarchitektur bis zu futuristischen Lichtinstallationen und zum originellen Joghurtflaschenausschaber weltweit Beachtung findet (Ausstellungen, Künstler und Veranstaltungen unter www.design.nl).

Bekannt ist die Experimentierfreudigkeit niederländischer Architekten. Zu den großen Namen zählt Piet Blom (1934–1999), der intensiv am Wiederaufbau Rotterdams beteiligt war. Selbstbewusst präsentieren die Baukünstler des Landes, allen voran Rem Koolhaas, ihre Stein, Beton und Glas gewordene Kreativität. Die Skyline von Rotterdam am Kop van Zuid, das Oostelijk Havengebied in Amsterdam und die Wohnviertel von Almere sind gigantische Spielwiesen im Praxistest.

Feste & Veranstaltungen

Festkalender

Januar: Am **Neujahrstag** stürzen sich rund 10 000 närrische Wasserratten am Strand von Scheveningen in die eiskalte Nordsee.

Januar/Februar: Das **International Film Festival Rotterdam** zeigt 10 Tage lang zu Monatsende bzw. -anfang ein ambitioniertes Programm, speziell digitale Filme und Erst- oder Zweitwerke junger Regisseure (www.iffr.com).

März: Antiquitäten und klassisches Design prägen die Maastrichter Kunstmesse **The European Fine Art Fair** (www.tefaf.com).

April: Mitte des Monats **Nationales Museumswochenende** mit freiem Eintritt in viele Sehenswürdigkeiten. Am 30. April feiert das ganze Land den **Koningsdag** mit einem großen Volksfest in Amsterdam.

Mai: Im offiziellen **Fahrradmonat** und am **Nationalen Mühlentag** (Nationale Molen- & Gemalendag) sind Millionen Niederländer unterwegs. Das **Sandskulpturenfestival** am Strand von Scheveningen dauert sieben Wochen (www.iceandsandevents.nl).

Juni: Das **Amsterdam Arts Adventure** umfasst den ganzen Sommer lang kulturelle Großereignisse wie das Holland Festival mit Musik, Tanz und Theater aus aller Welt (www.hollandfestival.nl). Mitte Juni findet in Landgraaf an der Grenze zu Deutschland das **Pinkpop-Festival** mit internationalen Rockbands statt (www.pinkpop.nl). Exotische Leckerbis-

Ausgelassene Parade in Orange am Koningsdag

Feste & Veranstaltungen

sen genießt man Ende Juni beim Pasar Malam Besar im Rahmen des **Tong Tong Festivals** (www.tongtongfestival.nl) in Den Haag. Die Matjessaison beginnt mit dem **Vlaggetjesdag** in Scheveningen (www.vlaggetjesdag.com), und bis Ende August ist jeden Donnerstag **Käsemarkt** in Gouda.

Juli: Anfang Juli zieht das **North Sea Jazz Festival** (www.northseajazz.nl) Musikfreunde nach Den Haag. Während der **Deltaweek** in Zeeland drängen sich Segelboote jeder Größe in den Häfen. Ende Juli wird in Friesland das **Skûtsjesilen** (Segeln mit traditionellen Booten) veranstaltet (www.skutsjesilen.nl). Ein karibischer **Sommerkarneval** (www.zomercarnaval.nl) treibt in Rotterdam Hunderttausende auf die Straßen.

August: Bei der **Sneeker Woche** treffen sich Segelfreunde aus ganz Europa (www.sneekweek.nl). Ende des Monats findet in Utrecht das **Festival Alte Musik** (www.oudemuziek.nl) statt; Gourmets lassen sich beim viertägigen **Preuvenemint** (www.preuvenemint.nl) auf dem Maastrichter Vrijthof verwöhnen. Nur alle fünf Jahre treffen sich Segeljachten aus aller Welt zur **Sail Amster-**

SEITENBLICK

Oranje strahlt und lächelt

Von 1980 bis 2013 war die sympathische, manchmal etwas unnahbar wirkende Beatrix von Oranien-Nassau Staatsoberhaupt der Niederlande. Vor allem ihren bürgerlichen Schwiegertöchtern und den niedlichen Enkelkindern ist es wohl zu verdanken, dass die konstitutionelle Monarchie auch im 21. Jh. – trotz der hohen Apanagen aus dem Staatshaushalt – so populär ist wie lange nicht mehr. Stammvater Prinz Willem von Oranien, Graf von Nassau (1533–1584), wäre stolz auf seine Nachfahren.

Neun von zehn Niederländern befürworten die parlamentarische Monarchie, die seit 1848 das politische System des Landes lenkt. Die ehemalige Königin, die 1966 den deutschen Diplomaten Claus von Amsberg (1926–2002) ehelichte, hat drei Söhne. Der älteste, Willem Alexander (geb. 1967), ist seit 2013 König. 2002 heiratete er die Argentinierin Máxima Zorreguita. Ihre Töchter Catharina-Amalia, die seit 2013 als die Prinzessin van Oranje die Kronprinzessin der Niederlande ist, sowie Alexia und Ariane belegen die Plätze eins, zwei und drei der Thronfolge.

Das niederländische Königshaus strahlt und lächelt in die Kameras, Skandale wie bei den britischen Royals gibt es nicht. Das mag am Stil der Oranier liegen, aber auch an den Medien, die hier weniger aggressiv sind als jenseits des Ärmelkanals. Als Königinmutter Juliana 2004 starb, druckte selbst die Regenbogenpresse nichts als Lobeshymnen. Und als am 1. Mai 2009 ein Amokfahrer in Apeldoorn versuchte, die Königsfamilie anzugreifen, stand das ganze Land unter Schock.

Ein höchst populäres Schauspiel vollzieht sich jedes Jahr am dritten Dienstag im September (Prinsjesdag). Dann fährt der König in der Goldenen Kutsche zur Parlamentseröffnung zum Ridderzaal in Den Haag (www.koninklijkhuis.nl).

Feste & Veranstaltungen

dam – einem der größten maritimen Ereignisse der Welt (www.sail.nl; 2015, 2020 …).
September: Am **Open Monumentendag**, dem zweiten Sonntag im Monat, sind rund 3000 Museen, Kirchen und Sehenswürdigkeiten für Besucher zugänglich (www.openmonumentendag.nl). Mitte des Monats lockt das **Chocoladefestival** in die Hansestadt Zutphen (www.chocoladefestival-zutphen.nl).
Oktober: In Bergen und Bergen aan Zee feiert man mit mehr als hundert Ausstellungen die **Kunst 10-daagse** (www.dekunst10daagse.nl). In Lisse findet der **Nationale Blumenzwiebelmarkt** statt. Das **Holland Dance Festival** in Den Haag ist in ungeraden Jahren Treffpunkt der weltbesten Ensembles (www.hollanddancefestival.com).
Dezember: Das **Dickens-Festival** mit über 200 viktorianischen Figuren in der Altstadt von Deventer lässt das 19. Jh. wieder aufleben (www.dickensfestijn.nl). Am **Nikolausabend** (5. Dez.) freuen sich Jung und Alt auf die Geschenke die am Pakjesavond überreicht werden. **Weihnachtsmärkte** gibt es im ganzen Land, die schönsten findet man in Valkenburg und Deventer. Am **Silvesterabend** gibt es bei vielen Familien Oliebollen, ein Schmalzgebäck, und an Mitternacht strömen alle auf die Straße, um das neue Jahr mit einem Feuerwerk zu begrüßen.

Essen & Trinken

Auch wenn viele Niederländer eher deftige Hausmannskost bevorzugen, gehen junge Küchenchefs neue Wege. Mit Erfolg!

100 Sterne-Restaurants führt die Feinschmeckerbibel des Guide Michelin 2015 auf. Allein in Maastricht verführen neun Spitzenköche ihre Gäste mit raffinierten, meist französisch inspirierten Menüs, in denen frische Meeresfrüchte einen festen Platz haben. Häufig sind die edlen Lokale in historischen Gebäuden eingerichtet, so mancher Küchenstar bietet Kochkurse an.

Traditionell beginnen Niederländer den Tag mit einem kräftigen Frühstück. Zum Toast stehen Marmelade und Wurst sowie Pindakaas (Erdnusscreme), Vla (cremiger Pudding) und bunte Streusel auf dem Tisch. Mittags reicht ein Snack, z. B. eine Tüte Pommes frites oder ein Stokbroodje (belegtes Baguette). Die Hauptmahlzeit folgt am frühen Abend, in vielen Restaurants gibt es nur bis 22 Uhr warme Küche!

Die klassische niederländische Küche ist herzhaft und bodenständig. An der Küste dominieren Fischspezialitäten und Meeresfrüchte die Speisekarten, allen voran der Hering (Haring). Fangfrischer Hering wird nach Landesart gehäutet, entgrätet, gesalzen und mit viel Zwiebel verspeist. Seezunge, Aal, Scholle, Makrele und Kabeljau isst man frittiert, geräuchert oder sauer gedünstet. Von Mai bis September sind Muscheln und Austern aus der

Essen & Trinken

Provinz Zeeland im Angebot. Als Beilage gibt es Kartoffeln und gedünstetes Gemüse.

Auf den Speisekarten vieler Restaurants finden sich regionale Spezialitäten der traditionellen niederländischen Küche. Hervorragend sind beispielsweise Lamm auf Texel, Aal am IJsselmeer, Spargel in Limburg oder Muscheln in Zeeland. Zu den Klassikern gehört das kalorienreiche Eintopfgericht Stamppot, das so sämig ist, dass fast der Löffel darin steht. Heiß beliebt, nicht nur bei Kindern, sind Pannekoeken, die in unglaublichen Variationen – süß ebenso wie herzhaft – aus der Pfanne gleiten!

Exotische Gaumenkitzel und kulinarische Abwechslung garantiert das reiche koloniale Erbe der Niederlande: Ob Indonesische Reistafel oder Chop Suey, pikante Currys aus Surinam oder Ziegeneintopf von den Antillen – so bunt und kreativ wie die Bevölkerung der Niederlande sind auch die Speisekarten, vor allem in Amsterdam und den anderen größeren Städten. Und auf dem Lande gibt es tausend Möglichkeiten, in netten Cafés köstlichen Appeltaart mit Slagroom, Apfelkuchen mit einer dicken Sahnehaube, zu genießen.

Dazu serviert man landauf, landab zu wirklich jeder Tages- und Nachtzeit ein heißes Kopje Koffie – die berühmte Tasse starken Kaffee. Am Abend schmeckt eines der vielen regionalen Biere, zu dem man gerne auch ein Glas hochprozentigen Jenever (Wacholderschnaps) für die Verdauung leert.

!**Erstklassig**

Spitzenküche – stilvoll zelebriert

- Fernsehkoch Jamie Oliver lässt im **Fifteen** im schicken Amsterdamer Pakhuis seine Erfolgsrezepte von Jugendlichen aus schwierigen Verhältnissen kochen. › **S. 55**
- Im idyllischen Giethoorn verwöhnen Martin und Marjan Kruithof im **De Lindenhof** mit Klassikern der Haute Cuisine und veredelter Hausmannskost. › **S. 69**
- Im südzeeländischen Sluis hat sich François de Potter im **La Trinité** einen Michelinstern erkocht. › **S. 85**
- Kulinarische Abenteuer verspricht Erik van Loo, der angenehm exzentrische Trendsetter im Rotterdamer Spitzenrestaurant **Parkheuvel**. › **S. 94**
- Jonnie Boer, Chefkoch des Sternerestaurants **De Librije** in Zwolle, verarbeitet fast ausschließlich Lebensmittel aus der Region. Seine Devise lautet: »puur natuurlijk« schmeckt's am besten. › **S. 125**
- **'t Ponkje €€ [H4]**
In einem ehemaligen friesländischen Kirchlein zelebriert Rob Hartmann die hohe Kunst des feinen Kochens. Das friesische Tiramisu ist ein Gedicht.
Fermaningsteech 1
8551 SP Woudsend
Tel. 05 15/59 12 50
www.ponkje.nl
Di geschl.

Dünenlandschaft im Naturreservat De Slufter auf Texel.

TOP-TOUREN & SEHENS-WERTES

AMSTERDAM

Kleine Inspiration

- **Bei einer abendlichen Grachtenrundfahrt** dem romantischen Zauber des Goldenen Jahrhunderts verfallen › S. 48
- **Ein Sonnenbad samt kühlem Drink** auf der Dachterrasse des NEMO ein genießen, während die Kinder von den spielerischen Experimenten im Museum schwärmen › S. 52
- **Die schönsten Tulpenkreationen** der Saison beim morgendlichen Bummel über den Bloemenmarkt am Singel bewundern › S. 56

Tour 1–3 **Amsterdam**

Die übersichtliche multikulturelle Metropole begeistert mit ihren weltberühmten Museen, romantischen Grachten, bunten Märkten und topmodernen Architekturprojekten.

Kosmopolitisch, pragmatisch und immer für eine Überraschung gut: das ist Amsterdam [F7], die turbulente Hauptstadt der Niederlande mit ihrem Faible für alte Fassaden und visionäre Pläne. Wer sich für Kultur interessiert, kann zwischen mehr als 100 Museen und großartigen Architekturdenkmälern aus fünf Jahrhunderten wählen. Bunte Straßenmärkte und originelle Shops, angesagte Designerläden und moderne Galerien, coole Bars und großartige Konzerthäuser begeistern Besucher ebenso wie romantische Grachten, fotogene Brücken und charmante Innenhöfe.

Seit dem 15. Jh. profitierte die an der Mündung von Amstel und IJ ins IJsselmeer gelegene Metropole vom lukrativen Welthandel: Erst etablierten hier jüdische Kaufleute aus Antwerpen das Geschäft mit Diamanten, später sorgten die Eroberungsfahrten der Vereinigten Ostindischen Compagnie (VOC) und der Westindischen Compagnie (WIC) für Profit. Die wirtschaftliche Blüte erreichte im 17. Jh. ihren Höhepunkt. Der Überfluss des Goldenen Jahrhunderts ließ u.a. den Grachtengürtel mit den herrlichen Giebelhäusern entstehen.

Im 19. Jh. verlor Amsterdam seine führende Position. Die Industrialisierung setzte verspätet ein; der Zweite Weltkrieg brachte weiteres Elend über die Stadt. Erst seit etwa 20 Jahren weht ein visionärer Wind durch den Grachtengürtel. Im Hafengebiet entstanden Wohngebiete in futuristisch-attraktiver Architektur, bedeutende Museen werden neu konzipiert, und das Rotlichtviertel soll sein Schmuddelimage verlieren.

Café in der Nieuwe Doelenstraat

Flohmarktschick vom Albert-Cuyp-Markt

Buch-Tipp:

POLYGLOTT on tour **Amsterdam,** Travel House Media GmbH, München. Für Reisende, die der Hauptstadt mehr als nur eine Stippvisite widmen wollen.

Altstadtspaziergang

Route: Centraal Station › Nieuwe Kerk › Koninklijk Paleis › Westerkerk › Begijnhof › Oude Kerk › Museum Ons lieve Heer op Solder › Grachtenrundfahrt

Karte: Seite 50
Dauer: 1 Tag (mit Besichtigungen)
Praktische Hinweise:
- Das kompakte Altstadtzentrum erkundet man am besten zu Fuß.
- Ein schöner Abschluss des Spaziergangs ist eine Grachtenrundfahrt im Abendlicht › S. 55.

Tour-Start:
Centraal Station 1 [b3]

Der imposante Hauptbahnhof, 1889 nach Plänen von P. J. H. Cuypers im neugotischen Stil errichtet, ist ein zentraler Anlaufpunkt – und 2015 noch eine riesige Baustelle. Am Vorplatz liegen die Infobüros von VVV und GVB, Straßenbahnhaltestellen sowie Bootsanleger › S. 55.

Am Dam 2 [c2]

Über den neonbunten Damrak stömen die Menschen Richtung Dam, dem Hauptplatz der Altstadt. Dort am Nationalen Monument, einem Obelisken, wird am Abend des 4. Mai der Opfer des Zweiten Weltkriegs gedacht. Der Platz ist Treffpunkt junger Traveller aus aller Welt und Bühne für Straßenkünstler.

In der Krönungskirche **Nieuwe Kerk** 3 [c2], einer spätgotischen Kreuzbasilika, finden Ausstellungen und Orgelkonzerte statt (tgl. 11–17 Uhr, www.nieuwekerk.nl).

Jacob van Campen erbaute das **Koninklijk Paleis** 4 [c2] 1665 als Rathaus. Der wahrhaft königliche Bau zeugt vom Wohlstand der Stadt im Goldenen Jahrhundert. 13 659 Fichtenstämme aus Skandinavien geben ihm auf morastigem Untergrund Halt. Heute bietet der Palast den prächtigen Rahmen für Staatsbesuche u. ä. (an Veranstaltungstagen geschl., sonst tgl. 11–17 Uhr, Tel. 020/620 40 60, www.paleisamsterdam.nl).

Prinsengracht ★ [a2–d4]

In der **Westerkerk** 5 [b1] wurde Rembrandt beigesetzt – doch bis heute konnte sein Grab in der dreischiffigen, 1620 bis 1631 nach Plänen von Hendrick de Keyser erbauten Basilika nicht lokalisiert werden (Mo–Sa 11–15 Uhr, www.westerkerk.nl).

Besucherschlangen weisen den Weg zum **Anne Frank Huis** 6 [b1], einem Patrizierhaus an der Prinsengracht. Im Hinterhaus versteckte sich die jüdische Familie des Mädchens 1942–44, bevor sie von der Gestapo verhaftet und in Konzentrationslagern ermordet wurde. Hier schrieb Anne ihr erschütterndes Tagebuch. Die Einrichtung des Verstecks ist im Originalzustand erhalten (Juli/Aug. tgl. 9–22, April bis Juni, Sept./Okt. So–Fr 9–21, Sa bis 22, Nov.–März So–Fr 9–19, Sa bis 21 Uhr, Eintritt ab 18 Uhr empfohlen, www.annefrank.org, Tickets auch online).

Karte S. 50

Tour 1: Altstadtspaziergang **Amsterdam**

Prächtige Patrizierhäuser stehen an Amsterdams Nobelgrachten

Nordwestlich des Anne Frank Huis lockt das idyllische Viertel Jordaan mit schmucken Hofjes und gemütlichen Cafés zum Bummel.

Begijnhof 7 [c2]

Die Oase der Stille verbirgt sich hinter einer Pforte am Spui, neben der Shoppingmeile Kalverstraat. In den bescheidenen Renaissancehäuschen aus dem 14. Jh. lebten bis Mitte des 20. Jhs. gläubige Frauen des Ordens der Beginen. Ein kleines Bronzedenkmal neben der Englischen Kapelle auf dem Hof erinnert an sie (Mo–Fr 9–18.30, Sa/So bis 18 Uhr).

SEITENBLICK

Der Grachtengürtel

Die Grachten – wörtlich Gräben – wurden zunächst zur Verteidigung beiderseits der Amstel angelegt. Zu Beginn des 17. Jhs. entstand der konzentrische Grachtengürtel aus Heren-, Keizers- und Prinsengracht, der wenig später am östlichen Ufer der Amstel erweitert wurde. Schmale Radialgrachten und -straßen teilen das alte Zentrum in 90 künstliche Inseln, die rund 400 Brücken miteinander verbinden.

Das Graben des Grachtensystems, das Unterpfählen und Mauern der Kais, das Aufschütten des Baugeländes sowie die Errichtung der Bollwerke und Tore gehören neben der Einpolderung früherer Meeresbuchten und dem Deichbau zu den größten Bauleistungen des Landes. Die Arbeiten mussten damals per Hand mit Spaten und Schubkarre verrichtet werden. Doch die Stadtväter wussten sich zu helfen und beschafften sich auf einfache Weise billige Arbeitskräfte: Wer in Amsterdam straffällig wurde, kam zum Arbeitseinsatz an die Grachten.

De Walletjes [b2/c3]

Der Rotlichtbezirk zwischen Dam und Kloveniersbrugwal ist das aktuelle Experimentierfeld der Stadtplaner: Boutiquen junger Designer und schicke Shops machen sich zwischen Sextheatern und den Bordellfenstern der Prostituierten breit, die rund um die ehrwürdige **Oude Kerk** 8 [b2] ihre Dienste anbieten. Die Kirche aus dem 14. Jh., der älteste Bau der Stadt, schmücken drei gotische Glasfenster sowie prachtvolle Grabmäler (Mo–Sa 10–18, So 13–17.30, Glockenspiel Di 15, Sa 16 Uhr, www.oudekerk.nl).

Museum Ons lieve Heer op Solder 9 [b3]

Hauptattraktion dieses in ein Museum umgewandelten Grachtenpalais aus dem 17. Jh. ist die frisch renovierte barocke Geheimkirche Ons lieve Heer op Solder auf dem Dachboden (Mo–Sa 10–17, So 13–17 Uhr, www.opsolder.nl).

Touren in Amsterdam

Tour 1
Altstadtspaziergang

1. Centraal Station
2. Dam
3. Nieuwe Kerk
4. Koninklijk Paleis
5. Westerkerk
6. Anne Frank Huis
7. Begijnhof
8. Oude Kerk
9. Museum Ons lieve Heer op Solder

Tour 2
Hafengebiet im Wandel

10. Montelbaanstoren
11. NEMO
12. Muziekgebouw
13. Hortus Botanicus
14. Zoo Artis
15. Tropenmuseum

Tour 3
Stippvisite bei den Alten Meistern

16. Leidseplein
17. Rijksmuseum
18. Stedelijk Museum
19. Van Gogh Museum
20. Magere Brug
21. Hermitage Amsterdam
22. Stopera
23. Joods Historisch Museum
24. Rembrandthuis

Karte S. 50

Tour 2: Hafengebiet im Wandel **Amsterdam**

 Hafengebiet im Wandel

Route: **Montelbaanstoren › NEMO › Hortus Botanicus › Artis › Tropenmuseum**

Karte: Seite 50
Dauer: 1 Tag (mit Museumsbesuchen)
Praktische Hinweise:
- Ohne Abstecher zu Fuß machbar.

Tour-Start:
Am Oosterdok [b/c4]

Lange hieß der Wachturm **Montelbaanstoren** 10 [c4] aus dem Jahr 1512 im Volksmund »Malle Jaap« (Dummer Jakob), da seine Uhr ständig falsch ging. Nebenan, im Oosterdok, legten im 17. Jh. die Schiffe der Ost- und Westindischen Compagnie an.

Der imposante Nachbau des Handelsschiffes »Amsterdam« aus dem 18. Jh. ist vor dem **Scheepvaart-**

museum vertäut, das sich der holländischen Schifffahrt widmet (Kattenburgplein 1, tgl. 9–17 Uhr, www.hetscheepvaartmuseum.nl). Gegenüber ragt das futuristische **NEMO Science & Technology Museum** 11 **[b4]** des Architekten Renzo Piano wie ein Schiffsbug aus den Wellen des IJ. Im Inneren präsentiert es spannende Experimente, die vor allem Kindern technische Abläufe nahe bringen. ❗ Tolle Dachterrasse (Juli/Aug. frei zugänglich) mit Sonnencafé und Spielplatz (Di-So 10 bis 17.30 Uhr, www.e-nemo.nl).

Muziekgebouw 12 [b4] und BIMhuis [b4]

Nördlich ragt der strahlend weiße Komplex der hypermodernen Konzerthalle auf, in der v. a. neue Kompositionen erklingen (www.muziekgebouw.nl). Jazz und Weltmusik haben ihr Domizil im BIMhuis (http://bimhuis.nl).

SEITENBLICK

Blick in die Zukunft – das Oostelijk Havengebied

Mit den Tramlinien 10 und 25 kann man die zukunftweisende Wohnwelt des Östlichen Hafengebietes entdecken: Das Archipel, wie die Amsterdamer sagen, vereint intelligenten Wohnungsbau mit architektonischen Visionen, innovative Geschäftsideen mit künstlerischer Vielfalt am Bau. Vor allem die knallrote Pythonbrug zwischen Sporenburg und Borneo-Eiland sowie die spektakulären Bauten weltberühmter Architekten beeindrucken nachhaltig.

Plantageviertel [c/d4]

Südlich des Entrepotdok liegt das vornehme Plantageviertel mit reizvollen Zielen: Im Botanischen Garten, dem **Hortus Botanicus** 13 **[d4]**, kann man sich in der Blütenpracht aus aller Welt verlieren (Garten und Museumscafé tgl. 10–17 Uhr, www.dehortus.nl). Der **Zoo Artis** 14 **[d4]** ist nicht nur wegen der exotischen Tiere, sondern auch wegen seiner Pflanzenwelt einen Besuch wert (tgl. 9–17, während der Sommerzeit bis 18 Uhr, Juni–Aug. Sa bis Sonnenuntergang, www.artis.nl).

Das **Tropenmuseum** 15 im Oosterpark ist mit seinen interaktiven Ausstellungen über ferne Länder ideal für Familien (Di–So 10 bis 17 Uhr, www.tropenmuseum.nl).

Tour 3 Stippvisite bei den Alten Meistern

Route: Leidseplein › Rijksmuseum › Stedelijk Museum › Van Gogh Museum › Magere Brug › Hermitage Amsterdam › Joods Historisch Museum › Rembrandthuis

Karte: Seite 50
Dauer: 1 Tag (mit Museumsbesuchen)

Praktische Hinweise
- Tickets für Rijksmuseum, Stedelijk und Van Gogh Museum am besten online kaufen, um lange Warteschlangen zu vermeiden. Besonders groß ist der Besucherandrang zwischen 11 und 14 Uhr.

Tour 3: Stippvisite bei den Alten Meistern — Amsterdam

Karte S. 50

Tour-Start:
Leidseplein 16 [d1]
Neben dem Rembrandtplein ist der rund um die Uhr belebte Leidseplein das Party- und Nightlifezentrum der Stadt. Das **Café Americain** (American Hotel, Leidsekade 97, www.cafeamericain.nl) im Jugendstil ist ein exklusiver Treff.

Auf der anderen Seite der Singelgracht erstreckt sich die große grüne Lunge des **Vondelparks** und das weltberühmte Museumsviertel.

Rijksmuseum 17 ★ [e1]
Die Sammlungen des Museums umfassen Kunst, Kunsthandwerk und Exponate aus der niederländischen Geschichte vom Mittelalter bis ins 21. Jh. Vor allem beherbergt es die bedeutendste Gemäldesammlung niederländischer Meister, darunter Rembrandts »Nachtwache«. Das 1885 eröffnete Neorenaissancegebäude wurde 2003 bis 2013 restauriert und das Ausstellungskonzept modernisiert (tgl. 9–17 Uhr, Tel. 020/662 14 40, www.rijksmuseum.nl). **50 Dinge** 30 › S. 15.

Stedelijk Museum 18 [e1]
Das Museum gehört zu den renommiertesten für Kunst des 19. bis 21. Jhs., von den französischen Impressionisten bis zur Gegenwart. Alle wichtigen Kunstströmungen sind mit Meisterwerken vertreten, etwa von Monet, Cézanne, Picasso, Kandinsky und Mondriaan. Der Umbau 2008 bis 2012 bescherte dem Museum auch viel mehr Platz für Ausstellungen (tgl. 10–18, Do bis 22 Uhr, www.stedelijk.nl).

Das Rijksmuseum

Van Gogh Museum 19 ★ [e1]
Neben Skizzen, Zeichnungen und Aquarellen besitzt das Museum viele der wichtigsten Gemälde des Malers Vincent van Gogh (1853–1890) sowie einiger Zeitgenossen. Ein kühl-moderner Pavillon (1999) des Japaners Kisho Kurokawa ergänzt den eigenwilligen Museumskomplex (1973) von Gerrit Rietveld (März–Okt. tgl. 9–18, sonst tgl. 9–17, jeden Fr bis 22 Uhr, Tel. 020/570 52 52, www.vangoghmuseum.nl). **50 Dinge** 4 › S. 12.

An der Amstel [d3-e4]
Ein Bummel durch den südlichen Grachtengürtel endet am Fluss Amstel, den u. a. die schmale **Magere Brug** 20 [d3] überquert. Die weiß lackierte Zugbrücke ist das nostalgische Wahrzeichen der Stadt und wurde bereits 1672 erbaut.

Wenige Schritte weiter präsentiert **Hermitage Amsterdam** 21 [d3] als Dependence der Petersburger Eremitage Kunstschätze im ehrwürdigen Rahmen eines Klosters (tgl. 10–17 Uhr, www.hermitage.nl).

Am Waterlooplein [c/d3]

Am **Waterlooplein** findet täglich außer sonntags ein großer Flohmarkt statt. Im Foyer des Rathauses, der **Stopera** 22 [d3], hebt und senkt sich in einer gläsernen Säule der Wasserpegel im Takt der Gezeiten. Bei Ebbe fällt er unter das Niveau des Fußbodens, bei Hochwasser steigt er den Besuchern über den Kopf. Das Rathaus an der Amstel würde also zweimal pro Tag von den Nordseefluten überschwemmt, gäbe es nicht schon lange die Deiche. Wenige Meter weiter birgt das **Joods Historisch Museum** 23 [d3] eine der weltweit wichtigsten Ausstellungen über jüdische Kultur (tgl. 11 bis 17 Uhr, Tel. 020/531 03 10, www.jhm.nl).

Vom Joodse Buurt, dem alten Judenviertel, sind nur einige Gebäude erhalten, darunter das schmucke **Rembrandthuis** 24 [c3], das der Meister 1639 bezog und in dem er 20 Jahre lang wohnte und arbeitete. Radierungen und Zeichnungen, Werke seiner Schüler, eine Videoinstallation sowie Räume im Stil des »Goldenen Jahrhunderts« sind hier zu bewundern (tgl. 10–18 Uhr, www.rembrandthuis.nl).

> **SEITENBLICK**
>
> ### Alte Meister – modern präsentiert
>
> Nun kann man sie bewundern, die ausgefeilte Lichtkonzepte, hypermodernen Präsentationstechniken und das durchgestylte Rundherum – all jene Zutaten, die das Rijksmuseum und das Stedelijk Museum nach Abschluss der Generalrestaurierung zu Kunsttempeln von Weltrang erheben. Die berühmtesten Werke der großen niederländischen Meister von Rembrandt bis Piet Mondriaan sind jetzt ohne großes Gedränge, aber optimal vor Anschlägen oder Diebstahl gesichert zugänglich.
>
> Doch nicht nur hier, auch im lichtdurchfluteten Kroeller-Müller-Museum im Nationalpark Hoge Veluwe › S. 123, im eleganten Frans-Hals-Museum von Haarlem › S. 104, im schicken CoBrA-Museum von Amstelveen › S. 56 oder im futuristischen De Paviljoen von Almere › S. 128 kann man erleben, wie einfallsreich niederländische Kuratoren ihre Kunstschätze präsentieren.

Info

Amsterdam VVV [b3]
- Stationsplein 10
  1012 AB Amsterdam
  Tel. 020/702 60 00
  www.iamsterdam.com

Amsterdam Uitburo [d1]
Ticketverkauf für Veranstaltungen.
- Leidseplein 26 | Amsterdam
  www.amsterdamsuitburo.nl
  Mo–Sa 10–19.30, So 12–19.30 Uhr

Die **I amsterdam City Card** umfasst neben einer Grachtenfahrt die freie Nutzung öffentlicher Verkehrsmittel, freien oder ermäßigten Eintritt in Museen sowie Rabatte in Geschäften und Restau-

Karte S. 50

Amsterdam

rants. Sie gilt 1, 2 oder 3 Tage (49, 59, 69 €, www.iamsterdamcard.nl).

Verkehr

- Trambahnen, Busse und zwei U-Bahnlinien erschließen das Zentrum. Günstige Verbundkarten erhält man u. a. im GVB-Büro am Stationsplein (gegenüber dem Hauptbahnhof, www.gvb.nl) und beim VVV.
- Sehr zu empfehlen ist eine **Grachtenrundfahrt**. Die Anleger der Reedereien befinden sich um den Bahnhofsvorplatz, April–Okt. werden Themenfahrten angeboten (Info beim VVV, Abfahrten alle 30 Min.). **50 Dinge** ⑧ › **S. 12**.

Hotels

Lloydhotel €€€–€€ [F7]
Architektonisch und konzeptionell einzigartiger Treffpunkt für Weltenbummler mit originellen Zimmern in allen Preiskategorien im östlichen Hafengebiet.
- Oostelijke Handelskade 34
  Amsterdam | Tel. 020/561 36 36
  www.lloydhotel.com

De Filosoof €€ [F7]
Geschmackvoll individuell gestylte Zimmer in mehreren Häusern aus dem 19. Jh. in der Nähe des Vondelparks. Hübscher Garten.
- Anna van den Vondelstraat 6
  Amsterdam
  Tel. 020/683 30 13
  www.hotelfilosoof.nl

Hotel V Frederiksplein €€ [e3]
Designhotel mit coolem Schick.
- Weteringschans 136 | Amsterdam
  Tel. 020/662 32 33
  www.hotelv.nl

Seven Bridges €€ [d3]
Stilvoll-exquisit und mit Antiquitäten ausgestattete Unterkunft im Zentrum; die Zimmer in dem alten Grachtenhaus sind über steile Treppen zu erreichen.
- Reguliersgracht 31 | Amsterdam
  Tel. 020/623 13 29
  www.sevenbridgeshotel.nl

Restaurants

Fifteen €€€ [F7]
Im schicken Pakhuis im östlichen Hafengebiet kochen Jugendlichen aus schwierigen Verhältnissen ❗ köstliche Gerichte nach Jamie Olivers Rezepten.
- Jollemanhof 9 | Amsterdam
  Tel. 020/509 50 15
  www.fifteen.nl

Panama €€ [F7]
Top-Location mit Garten am Wasser, schickem Lokal und Theaterprogramm. Die Küche ist modern und kreativ.
- Ostelijke Handelskade 4
  Amsterdam
  Tel. 020/311 86 86
  www.panama.nl

Sluizer €€ [d3]
Bei Anwohnern und Besuchern beliebtes Lokal mit Fisch- und Fleischspezialitäten.
- Utrechtsestraat 41–45
  Amsterdam
  Tel. 020/622 63 76 | www.sluizer.nl
  Mittags geschl.

Café 't Smalle € [b1]
Bewährte Stammkneipe im Jordaan mit gemütlicher Galerie über der Gaststube. Besonders lecker sind die Suppen.
- Egelantiersgracht 12
  Amsterdam
  www.t-smalle.nl

Amsterdam Ausflüge

Karte S. 50

Shopping

Albert-Cuyp-Straßenmarkt [F7]
Im Ausgehviertel De Pijp locken ❗ Multikulti-Kitsch und Schnäppchen.
- Albert-Cuypstraat | Amsterdam
  Mo–Sa 9.30–17 Uhr

Bloemenmarkt [d2]
❗ Der schwimmende Blumenmarkt am Singel ist ein Erlebnis für alle Sinne.
50 Dinge ㊲ › S. 16.
- Singel, zwischen Koningsplein und Muntplein | Amsterdam
  tgl. 9–18.30 Uhr

Nachtleben

Stadsschouwburg [d1]
Tanz- und Theaterevents.
- Leidseplein 26 | Amsterdam
  Tel. 020/523 77 00 › www.ssba.nl

Paradiso [e1]
Konzerte von Pop- und Latinstars.
- Weteringschans 6 | Amsterdam
  www.paradiso.nl

Ausflüge von Amsterdam

Amstelveen [F7]

Die kreativen Experimente der zwischen 1948 und 1951 bestehenden Künstlergruppe CoBrA um Karel Appel und Asger Jorn, die sich »einem figürlichen Expressionismus« verpflichtet fühlte, präsentiert das **CoBrA Museum** ⭐ (Sandbergplein 1, 1181 ZX Amstelveen, www.cobramuseum.nl, Di–So 11–17 Uhr).
 Der 1939 angelegte Naturgarten **De Braak** sowie der 1940 von Dr. J. P. Thijsse geschaffene **Park** sind ein Refugium für Stadttouristen und bedrohte Wildpflanzenarten gleichermaßen (Zugänge am Amsterdamse Weg).

Verkehr

- Die Kleinstadt 8 km südlich des Amsterdamer Zentrums erreicht man ab Amsterdam Centraal Station mit der **Metro 51** (Südlinie) sowie der **Tram 5** (auch ab Museumsplein).

Zar-Peter-Haus und Zaanse Schans [E7]

Das schlichte **Czaar Petershuisje**, in dem der russische Zar 1697 als Zimmermannslehrling gewohnt haben soll (Krimp 23, Di–So 13–17 Uhr), sowie das **Freilichtmuseum Zaanse Schans** mit liebevoll arrangierten Gebäuden aus dem 17./18. Jh. sind die Attraktionen des Polderlandes nördlich von Amsterdam. Windmühlen, eine Käserei, eine Holzschuhmanufaktur und das Zaans Museum erinnern an den Dorfalltag jener Zeit (Schansend 7, www.zaanseschans.nl, tgl. 9–17 Uhr).

Verkehr

Die **Buslinie 91** fährt ab Amsterdam Centraal Station zur Zaanse Schans, der **Nahverkehrszug Amsterdam CS-Alkmaar** hält am Bahnhof Koog-Zaandijk, von dort kurzer Fußweg zum Freigelände. Zum Czar Petershuisje läuft man vom Bahnhof Zaandam etwa 10 Min. Vom Bahnhof aus erreicht man das Freilichtmuseum mit **Bus Nr. 89**. Oder man besucht beide Attraktionen im Rahmen einer etwa 35 km langen Fahrradtour.

Terschelling, Strand bei Midsland

DER REIZVOLLE NORDEN

Kleine Inspiration

- **Als Freizeitkapitän auf Haus- oder Segelboot** die friesischen Seen und Kanäle erobern › S. 58
- **Das Sternbild der Kassiopeia** im Planetarium von Eise Eisinga suchen › S. 66
- **Wie in alten Zeiten mit einem Stechkahn** durch das nostalgische Giethoorn gleiten › S. 69

Der Norden Tour 4 | 5

Wasser ist das bestimmende Element in Friesland. Wattwanderungen, Bootstouren und Badespaß ziehen viele Urlauber in den Norden der Niederlande und auf die fünf Inseln im Wattenmeer.

Was entsteht, wenn technisch versierte Menschen der rauen Nordsee Land zum Siedeln und Bebauen abringen, kann man vielerorts im Norden des Landes erleben: Deiche und Wehre schützen die Felder vor Sturmfluten, ein windiger Fahrdamm durchschneidet das IJsselmeer. Hunderttausende Besucher genießen hier jedes Jahr einen »amphibischen« Urlaub: Von der Wattwanderung über Bootstouren auf den friesischen Seen bis zum Kulturgenuss im Grachtenidyll von Leeuwarden und Groningen reichen die Möglichkeiten.

Das Wattenmeer der Nordsee steht seit kurzem auf der Liste des UNESCO-Weltnaturerbes. Zwar ist die Region inzwischen touristisch stark erschlossen, die Verantwortlichen bemühen sich dennoch um den Schutz des sensiblen maritimen Ökosystems. Den südlichen Teil des Naturraums bilden die friesischen Watteninseln Texel, Vlieland, Terschelling, Ameland und Schiermonnikoog. Texel und Terschelling bieten als große Urlaubszentren während des Sommers nicht nur trubeliges Strand-, sondern auch buntes Nachtleben.

Groninger Museum – Avantgarde inmitten der traditionellen Grachten

Karte S. 62 · Tour 4: Friesische Impressionen · **Der Norden**

Touren in der Region

Friesische Impressionen

Route: Groningen › Leeuwarden › Harlingen › Sneek › Hindeloopen › Lemmer › Giethoorn › Meppel › Nationalpark Dwingelderveld › Groningen

Karte: Seite 62
Dauer: 3 Tage (ca. 350 km)
Praktische Hinweise:
- Das ländliche Friesland kann man am besten mit dem eigenen Pkw oder per Fahrrad erkunden.
- Achtung: Wer entlang der Küste radelt, hat meistens Seiten- oder Gegenwind!

Tour-Start:

Eine Rundfahrt ausgehend von der attraktiven Kunst-, Shopping- und Universitätsstadt **Groningen** 1 › S. 61 mit dem spektakulären Groninger Museum führt durch das flache Land nach **Leeuwarden** 10 › S. 65, wo im Princessehof die bedeutendste Keramiksammlung der Niederlande zu bestaunen ist. Ein abendlicher Bummel durch das malerische Städtchen beschließt den ersten Reisetag.

Am zweiten Tag reihen sich die nostalgischen friesischen Städtchen wie Perlen an einer Schnur: **Harlingen** 12 › S. 66, **Sneek** 14 › S. 67, **Hindeloopen** 15 › S. 68 und **Lemmer** 17 › S. 69 bieten allesamt friesische Atmosphäre und reizende Ecken. Der ganze Charme der Region konzentriert sich im fast schon museal anmutenden **Giethoorn** 18 › S. 69 mit seinen zahllosen Holzbrücken. Hier verbringt man gerne eine Nacht, zumal abends die Tagestouristen wieder verschwunden sind!

Der dritte Tag führt in die benachbarte Provinz Drenthe, wo sich nordöstlich der Handelsstadt **Meppel** 19 › S. 70 der **Nationalpark Dwingelderveld** 20 › S. 70 erstreckt, Europas größtes Heidefeuchtgebiet. Nach einem ausgedehnten Spaziergang kehrt man wieder nach Groningen zurück.

Seitenwind auf Terschelling

Route: West-Terschelling › Midsland › Oosterend › West-Terschelling

Karte: Seite 62
Dauer: 1 Tag (ca. 50 km Radtour)
Praktische Hinweise:
- Leihfahrräder erhält man in West-Terschelling bei Haantjes Rijwielverhuur (www.fietsenopter schelling.nl);
- Fahrradroutenführer »Spuren im Sand« bei VVV und Souvenirläden;
- Mo–Sa 10.30 Uhr Käsereiführung in Lies mit Kostproben; Cranberryernte im Sept./Okt.

Der Norden Tour 5: Seitenwind auf Terschelling

Schmucke Giebelhäuser am Grote Markt von Groningen

Tour-Start:

Zwar ist die Insel **Terschellling** 24 › S. 75 nur 30 km lang, doch rund 70 km Radwege durch Dünen und Polder bieten ein sportliches Tagesprogramm. Bequeme Wege führen vom Hauptort West-Terschelling am Ferienzentrum Midsland vorbei ins Inselinnere, zur Käserei auf dem Pieter Peit's Hoeve in Lies.

Dann radelt man, meist bei Gegenwind, ins ruhige Oosterend und zum Aussichtspunkt am Kapitein Rob Monument, wo sich an den traumhaften Sandstränden sicher ein ruhiger Fleck zum (Sonnen-) Baden oder Picknicken findet.

Für die Rückfahrt empfiehlt sich die Strecke an der Südflanke von Terschelling entlang – meist mit angenehmem Seitenwind. Wer gern gesunde frische Früchte nascht, sollte im Herbst an den Cranberryfeldern bei West aan Zee vorbeirollen. Die Vitamin-C-reichen Moosbeeren, die ursprünglich aus Nordamerika stammen, sind eine Spezialität der Insel.

Verkehrsmittel

- Zum eigenen Fahrzeug gibt es für Touren im dünn besiedelten Friesland sowie in den angrenzenden Regionen der Provinz Drenthe keine Alternative. Im Großraum Groningen bedienen die Citybusse viele Ziele. Auf den Watteninseln eignen sich Fahrräder als Fortbewegungsmittel.

Wichtige Adressen

Fryslan Marketing [H3]
- Heliconweg 62
8914 AT Leeuwarden
Tel. 058/233 07 40
www.beleeffriesland.nl

Provincie Drenthe [K3]
- Westerbrink 1
9405 BJ Assen
Tel. 05 92/36 55 55
www.drenthe.nl

www.frieslanderleben.nl
Touristische Informationen zu den elf friesischen Städten und dem Wattenmeergebiet mit seinen fünf Inseln, v. a. über die Wassersportmöglichkeiten.

Karte S. 62

Groningen Der Norden

Unterwegs im Norden

Groningen 1 [K2]

Die quirlige Universitätsstadt (198 000 Einw.) lockt mit einer reizvollen Mischung aus Tradition und Avantgarde sowie mit einem abwechslungsreichen Umland. Die Stadt war im Zweiten Weltkrieg das Ziel schwerer Bombenangriffe, was die Mischung verschiedenster Baustile erklärt.

Historisch interessante Architektur findet sich vorwiegend rund um den alten Stadthafen (Noorderhaven) und in den hübschen Hofjes, darunter Sint Anthonygasthuis (Rademarkt 29), Heilige Geestgasthuis (Pelsterstraat 43) und Pepergasthuis (Peperstraat 22).

Im Stadtzentrum überragt der **Martinitoren** der gleichnamigen Kirche aus dem 13. Jh. den Marktplatz. Der 97 m hohe »Olle Grieze«, so der Spitzname des Wahrzeichens, bietet die beste Aussicht auf Stadt und Umland (Martinikerkhof 3, April–Okt. Mo-Sa 11–17, Juli/Aug. zustäzlich So 11–16, sonst Mo-Sa 12–16 Uhr).

Das **Groninger Museum** ⭐ ist ebenso Kunst- wie auch historisches Stadtmuseum. Es zeigt Silberarbeiten, alte Meister und zeitgenössische Gemälde in mehreren futuristischen Pavillons – eine Meisterleistung der Architekturavantgarde auf einer künstlichen Insel inmitten der Stadtgrachten (Di-So 10–17 Uhr, Tel. 050/366 65 55, www.groningermuseum.nl).

Info
VVV
- Grote Markt 25 | 9712 HS Groningen
  Tel. 09 00/202 30 50
  www.toerisme.groningen.nl

Hotel
Asgard €€
Von Designer Henk Bakker gestaltetes Boutiquehotel mit vielen Naturmaterialien und modernem Komfort.
- Ganzevoortsingel 1 | Groningen
  Tel. 050/368 48 10
  www.asgardhotel.nl

Restaurants
Brasserie SPH €€
Elegantes Hotelrestaurant mit französischer Spitzenküche; große Terrasse.
- Oosterstr. 53 | Groningen
  Tel. 050/318 95 02
  www.schimmelpenninckhuys.nl

't Pannekoekschip €
Grandioses Angebot frischer Pfannkuchen mit Füllungen von herzhaft bis verführerisch süß auf einem Zweimastsegler von 1908. **50 Dinge** (17) › S. 14.
- Schuitendiep 1017 | Groningen
  Tel. 051/312 00 45
  www.pannekoekschip.nl

Nachtleben
Wer nicht im Kneipenviertel um Grote Markt, Peperstraat und Kromme Ellboog um die Häuser zieht, sollte im legendären **Club Vera** ein Konzert besuchen.
- Oosterstr. 44 | Groningen
  Tel. 051/313 46 81
  www.vera-groningen.nl

Der Norden Tour 4 | 5

Ausflüge von Groningen

Über die Autobahn A 7 geht es durch Oost-Groningen, das reiche Bauernland zwischen Dollart und Drenthe, vorbei an den Gewächshäusern um Winschoten, wo vor allem Rosen für den Export gezüchtet werden, Richtung Südosten ins Festungsstädtchen **Bourtange** 2 [M3]. Die sternförmige Anlage mit ihren mächtigen Außenwerken stammt aus dem 16. Jh. und wurde aufwendig restauriert, teils auch rekonstruiert. Nun beherbergen Synagoge, Kasernen, Kapitäns- und

Touren im Norden

Tour 4 **Friesische Impressionen**
Groningen › Leeuwarden › Harlingen › Sneek › Hindeloopen › Lemmer › Giethoorn › Meppel › Nationalpark Dwingelderveld › Groningen

Karte S. 62

Ausflüge von Groningen **Der Norden**

Pulverhaus historisch interessante und interaktiv konzipierte Museen (W. Lodewijkstr. 33, April–Okt. tgl. 10–17, Nov./Dez., Febr.–März Sa/So 11–16 Uhr, www.bourtange.nl).

Im Nordosten erreicht man **Delfzijl** 3 [L2] (26 000 Einw.), das einen der wichtigsten Häfen der Niederlande umschließt. In einem großen Bunker aus dem Zweiten Weltkrieg zeigt das **Muzeeaquarium,** was unter Wasser in den Meeren lebt und wächst (Zeebadweg 7a, www.muzeeaquarium.nl, tgl. 10–16.30 Uhr).

Im nahen **Appingedam** 4 [L2] bietet das historische Stadtbild neben dem schmucken Renaissance-Rathaus eine Kuriosität, die »hän-

Tour 5 **Seitenwind auf Terschelling**
West-Terschelling › Midsland › Oosterend › West-Terschelling

genden Küchen«, die man aus Platzmangel als weiße Holzvorbauten über das Wasser des Damsterdiep platzierte.

Lauwersmeer [J1/2]

Der **Nationalpark Lauwersmeer** 5 [J1/2] um die gleichnamige Bucht ist im Frühjahr und Herbst ein wichtiger Rastplatz für Zugvögel, im Sommer eine entspannte Reiseregion (Infopavillon [J1]: Haven 6, 9976 VN Lauwersoog, www.nplauwersmeer.nl, April–Sept. Mi–So 11–17, sonst Sa/So 11–16 Uhr,).

Weiter östlich wartet eine Attraktion nicht nur für Kinder. In der **Zeehondencrèche Pieterburen** 6 [K1], einer turbulenten Aufzuchtstation für verlassene junge Seehunde, erfährt man auch viel Interessantes über die ökologischen Zusammenhänge im nahen Wattenmeer (Hoofdstraat 94a, 9968 AG Pieterburen, Tel. 05 95/52 65 26, www.zeehondencreche.nl, tgl. 10 bis 17 Uhr). Südlich von Pieterburen erinnert **Abraham's Mosterdmakerij** mit Laden und Restaurant an die regionale Tradition der Senfherstellung (Molenstraat 5, 9967 SL Eenrum, www.abrahamsmosterdmakerij.nl, Di/Mi 12–17, Do–So ab 11 Uhr).

Kollum 7 [J2] südlich von Lauwersmeer schmückt sich mit dekorativen Giebelhäusern und einem stattlichen Rathaus aus Backstein. Die Pfarrkirche beeindruckt mit einem Turm aus dem 12. Jh. 5 km südlich kann man im Friesischen Botanischen Garten **De Kruidhof** Abertausende von Pflanzen bewundern, darunter über 400 Heilkräuter (Schoolstr. 29b, 9285 NE Buitenpost, www.dekruidhof.nl, April bis Mitte Okt. Di–Sa 10–17, So 12 bis 17 Uhr).

Am Ortsrand von **Veenklooster** 8 [J2] bewachen steinerne Löwen die Freitreppe zum Gutshaus **Fogelsangh State** aus dem 17. Jh. Drinnen werden Möbel, Gemälde und Miniaturen sowie die kostbare Sammlung der Groninger Familie Van Iddeking mit feinstem Porzellan präsentiert (Kleasterwei 1, 9297 WR Veenklooster, www.fogelsangh-state.nl, Di–So 13 bis 17 Uhr).

Dokkum 9 [J2]

Einst war die nördlichste Stadt der Niederlande (12 500 Einw.) Sitz der friesischen Admiralität und bedeutende Festung am Dokkumer Diep. Ihre Bastionen, Gärten, Wälle und Windmühlen laden zum Herumbummeln ein. Opulent wirken das **Stadhuis** mit einem Sitzungssaal im Rokoko und das von der Renaissance geprägte Admiralitätenhaus, wo das **Streekmuseum** friesische Volkskunst und Geschichte erläutert. So erfährt man u. a., dass der Friese einst auf Schlittschuhen aus Knochen übers Eis lief (Diepswal 27, 9101 LA Dokkum, www.museumdokkum.nl, Mo–Sa 13–17 Uhr).

Vom nahen Fischerdorf **Holwerd** aus kann man sich einer geführten Wattwanderung zu den Sandbänken oder nach Ameland anschließen (Info: VVV Holwerd [H2], Tel. 05 19/29 38 00). **50 Dinge** 10 › S. 13.

Leeuwarden Der Norden

Karte S. 62

Leeuwarden 10 [H2]

Beschauliche Grachtengemütlichkeit empfängt den Besucher im Verwaltungssitz der Provinz Friesland. Die Stadt (108 000 Einw.) wuchs im Mittelalter aus drei Terpen › **Seitenblick** zusammen und ist großenteils noch von sternförmig angelegten Bastionen umgeben. Aber im alten Stadtgraben, der Stadsgracht, liegen heutzutage Sportboote.

Bei einem Spaziergang sind die **Sint Bonifatiuskerk**, ein Werk von P. H. J. Cuypers aus den Jahren 1882–1884, das schmucke **Stadhuis** am Raadhuisplein mit seinem Glockenspiel von anno 1668, der 40 m hohe, schiefe **Oldehove-Toren** (Oldehoofster Kerkhof, Mai–Sept. Di bis Sa 13–17 Uhr) und das Renaissancegebäude der **Kanselarij**, der Stadtkanzlei am Turfmarkt, die wichtigsten Stationen.

Einen hervorragenden Ruf genießt das **Keramiek Museum Het Princessehof** in einem barocken Stadtpalast. Es birgt die bedeutendste Fayencen- und Porzellansammlung des Landes (Grote Kerkstraat 11, Di–So 11–17 Uhr, Tel. 058/ 294 89 58, www.princessehof.nl).

Das **Fries Museum** befasst sich mit dem künstlerischen Schaffen in der Provinz seit dem 16. Jh. (Wilhelminaplein 92, Di–So 11–17 Uhr, www.friesmuseum.nl). Auch die Lebensgeschichte der verführerischen Spionin Mata Hari wird illustriert, die 1876 als Margarethe Zelle in Leeuwarden zur Welt kam. Auf der Korfmakerspijp hat man ihr ein Denkmal gesetzt.

Info
VVV
- Sophielaan 4 | 8911 AE Leeuwarden
Tel. 058/234 75 50
www.vvvleeuwarden.nl

Hotels
Eden Oranje-Hotel €€€
Gehobenes Hotel in einem historischen Gebäude vis-à-vis vom Bahnhof, gute Küche im hauseigenen Restaurant.
- Stationsweg 4 | Leeuwarden
Tel. 058/212 62 41
www.edenoranjehotel.nl

't Anker €
Einfache helle Zimmer in der Altstadt mit oder ohne eigenes Bad, angenehme Atmosphäre. Auch Schlafsaal (14 Pers.).
- Eewal 73 | Leeuwarden
Tel. 058/212 52 16
www.hotelhetanker.nl

SEITENBLICK

Terpen und Wierden

Wer einst im flachen Friesland auch bei Sturmflut und Überschwemmungen trocken wohnen wollte, schüttete sich einen Erdhügel für das Fundament auf. Diese sog. Terpen oder Wierden kann man mancherorts heute noch erkennen. In **Hoogebeinturm** steht gar ein romanisches Tuffsteinkirchlein auf einer 12 m hohen Terpe. Auch sein Innenraum mit 15 prächtigen Totentafeln ist sehenswert. In **Ezinge** ist den künstlichen Wohnhügeln der Region sogar ein kleines Museum gewidmet.
- **Wierdenmuseum** [K2]
Torenstraat 12 | Ezinge
Di–Fr 10–17, Sa/So 13–17 Uhr

Restaurant
Spinoza €
Gemütliches Kneipenlokal mit hübschem Innenhof und teils vegetarischer Bioküche.
- Eewal 50–52 | Leeuwarden
  Tel. 058/212 93 93
  www.eetcafespinoza.nl

Franeker 11 [G3]

Die wohl schönste der elf friesischen Städte wird umschlossen von einem Grachtengürtel, in dessen Kern sich kleine, schiefe Häuser fotogen aneinanderschmiegen. Auch die Professoren- und Teehäuser am Alten Wall sowie das reizende **Korendragershuis**, das Haus der Kornträger (Eisingastraat) sind lohnende Motive.

Die kulturhistorische Kuriosität der Stadt (21 000 Einw.) liegt versteckt hinter einer schlichten Backsteinfassade: das **Planetarium** ☆ des Wollkämmerers und Tüftlers Eise Eisinga (1744–1828). Im 18. Jh. montierte er ein noch heute funktionierendes, maßstabsgetreues Modell unseres Sonnensystems an die Decke seines bescheidenen Wohnzimmers. Präzise zeichnet es dort seit mehr als 200 Jahren den Lauf der Planeten nach (Eise Eisingastr. 3, Di–Sa 10–17, So 13–17, April bis Okt. auch Mo 13–17 Uhr, www.planetarium-friesland.nl).

Harlingen 12 [G3]

Die meisten Urlauber setzen vom Fährhafen über zu den Watteninseln Vlieland › S. 74 und Terschelling › S. 75, doch die Stadt (17 000 Einw.) lädt mit 500 Giebelhäusern aus dem 17. bis 19. Jh. auch zu Spaziergängen an stillen Grachten ein.

Im **Gemeentemuseum Hannemahuis** wird anhand alter Stadtpläne und detailgetreuer Schiffsmodelle die Harlinger Geschichte dargestellt. Daneben sind Mobiliar, Gemälde, Kupferstiche, Fayencefliesen und friesisches Silber zu sehen (Voorstr. 56, Di–Fr 11–17, Sa/So 13.30 bis 17 Uhr, www.hannemahuis.nl).

Am Westerzeedijk hat man dem spanischen Statthalter Caspar di Robles zum Dank für seine Hilfe beim Deichbau nach der Sturmflut von 1570 ein Denkmal gesetzt, den **Steenen Man.**

Hotel
❗ Originelle Nachtquartiere kann man am Hafen der Krabbenfischer buchen: In der Kanzel eines Hafenkrans, in der Spitze eines Leuchtturms und auf einem alten Rettungsboot wurden maritim-exzentrische Zimmer mit allem Komfort eingerichtet.
- Dromen aan Zee €€€
  Harlingen | Tel. 05 17/41 44 10
  www.vuurtoren-harlingen.nl

Bolsward 13 [G3]

Die kleine Hansestadt fasziniert mit ihrem harmonischen Ensemble von Grachten und Bollwerken. Auch eine skurrile Tjasker-Windmühle (der kleinste Windmühlentyp) ist hier zu sehen. Bürgerstolz manifestiert sich im **Oudheidkamer Stadhuis,** der stadtgeschichtlichen Sammlung im alten Rathaus. Das Gebäude aus dem 17. Jh. ist exemplarisch für den niederländischen Manierismus (Jongemastr. 2). Die hohen Fenster im Chor der gotischen **Martinikerk** (Grote Kerkhof) lassen viel Licht ins Kirchenschiff, Gewölbemalereien zeigen Szenen aus dem Marienleben, die Chorbänke ziert reiches Schnitzwerk.

Shopping

Die Porzellan- und Keramikmanufaktur **Koninklijke Tichelaar** [G3] in Makkum (10 km westl. von Bolsward) bildet das friesische Pendant zum Delfter Blau.
- Turfmarkt 65 | Makkum
  Tel. 05 15/23 13 41
  www.tichelaar.nl
  Fabrikverkauf Mo 13–17.30, Di–Fr 9–17.30, Sa 10–17 Uhr

Ausflug von Bolsward

Südwestlich von Bolsward verbindet die ungefähr 20 km lange **Aldfaers Erf Route** [G3/4] die friesischen Museumsdörfer **Allingawier, Exmorra** und **Piaam** sowie das **Landgut Allingastate**. Hier wird das Erbe der Vorfahren in nostalgischen Bauernhöfen, Backstuben, Werkstätten und Schulen gepflegt, sodass Besucher den bäuerlichen Alltag des 19. und 20. Jhs. nacherleben können. Die Bewohner dieser Dörfer tragen oft noch Tracht und bieten ihre Produkte auch zum Kauf an (Info: Stichting Aldfaers Erf Route, Meerweg 4, 8758 LC Allingawier, Tel. 05 15/23 16 31, April–Okt. Di–So 10–17 Uhr, www.aldfaerserf.nl).

In Harlingen

Sneek 14 ⭐ [H3]

Frieslands zweitgrößte Stadt (33 000 Einw.) lebt vor allem von den Wassersportlern. Ihr markantes Wahrzeichen, das doppeltürmige **Sneeker Waterpoort,** ist im Sommer malerische Kulisse, wenn sich die Besucher beim Plattbodensegeln *(Skûtsjesilen)* vergnügen. Im Winter tummeln sich Schlittschuhläufer auf den Kanälen.

Das schönste Bauwerk ist das im 16. Jh. errichtete **Stadhuis** (Marktstr. 15) mit seinem im 18. Jh. vorgesetzten Rokokogiebel. Das **Fries Scheepvaart Museum** zur Geschichte der Seefahrt des 17. bis 20. Jhs. zeigt neben Schiffsmodellen u. a. Navigationsinstrumente, Einrichtungen an Bord, Kleidung und Ausstattung von Seeleuten sowie diverse Zei-

Der Norden Sneek, Am IJsselmeer

Beim Schlittschuhmarathon »Elfstedentocht« in Friesland

chungen und Gemälde (Kleinzand 14, Mo–Sa 10–17, So 12–17 Uhr, Tel. 05 15/41 40 57, www.friesscheepvaartmuseum.nl).

Info

VVV
- Marktstraat 20 | 8601 CV Sneek
  Tel. 05 15/75 06 78
  www.vvvsneek.nl

Hotel

Amicitia €€
Außen nüchtern, innen schick bis opulent. Modern-freundliche Standard- und fünf originelle Themenzimmer, ambitioniertes Restaurant mit herrlicher Sonnenterrasse.
- Graaf Adolfstraat 37 | Sneek
  Tel. 05 15/43 68 00
  www.amicitiahotel.nl

Restaurants

Klein Java €–€€
Freundliches indonesisches Restaurant mit Terrasse. **50 Dinge** (12) › S. 13.
- Wijde Noorderhorne 18 | Sneek
  Tel. 05 15/43 24 98
  Mo geschl.

Onder de Linden €–€€
Regionaltypische Gerichte, Garten mit schattigen Linden.
- Marktstraat 30
  Sneek
  Tel. 05 15/41 26 54
  www.restaurantonderdelinden.nl
  Mo geschl.

Am IJsselmeer [F4–H6]

Das romantische Städtchen **Hindeloopen** 15 [G4] am IJsselmeer erblühte einstmals durch den einträglichen Seehandel, die schmucken Kapitänshäuser und die Ausstellung im **Museum Hidde Nijland** verweisen auf das lukrative Goldene Jahrhundert an der Zuiderzee (Dijkweg 1, April–Okt. Mo–Fr 11–17 Uhr, Sa/So 13.30–17 Uhr, www.museumhindeloopen.nl).

Wenige Kilometer südlich ist **Stavoren** 16 [G4], die älteste Stadt Frieslands, eines der bedeutenden Wassersportzentren am IJsselmeer. Der gemütliche Stadtkern bietet sich außerdem für einen angenehmen Bummel an. Oder man unternimmt einen Ausflug, denn zwischen Stavoren und Enkhuizen › S. 108 pendelt die Salonfähre **Bep Glasius** (Mai–Sept. 10.10, 14.10 und 18.10 Uhr; Fahrradmitnahme möglich, www.veerboot.info).

Karte S. 62

Am Ijsselmeer, Giethoorn **Der Norden**

In **Lemmer** 17 [H4] steht mit dem **Woudagemaal** die weltweit größte noch betriebene Dampfschöpfwerk. Königin Wilhelmina hatte die Pumpstation zur Regulierung der regionalen Pegel 1920 gestartet. Das Industriedenkmal steht auf der Liste des UNESCO-Weltkulturerbes. Von dem modernen Besucherzentrum führt eine Brücke ins Werk mit der majestätischen Maschinenhalle und dem angrenzenden Kesselhaus (Gemaalweg 1, Febr.– Dez. Di–Sa 10 bis 17, So 13–17 Uhr. Führungen bis 16 Uhr, www.woudagemaal.nl).

Hotel

De Vrouwe van Stavoren €€

❗ Wer einmal in einem großen Weinfass schlafen will, sollte rechtzeitig reservieren. Das ungewöhnliche Nachtquartier ist weltbekannt, urgemütlich – und geräumiger, als man meint.

- Havenweg 1
  8715 EM Stavoren
  Tel. 05 14/68 12 02
  www.hotel-vrouwevanstavoren.nl

Giethoorn 18 [J5]

Das perfekte Dorfidyll beginnt hinter einer Allee aus mächtigen Pappeln. Zahllose Holzbrücken verbinden die auf Inseln erbauten Häuser. Fischer aus diesem »Klein-Venedig« steuern flache Stechkähne durch die Grachten und zu Gehöftinseln bis nach Staphorst; man kann auch selbst mit dem Boot auf Erkundungstour gehen.

Hotel

De Pergola €€

Schmuckes kleines Hotel mit Terrasse und eigenem Landungssteg. Im Restaurant gibt es Fischspezialitäten.

- Hylkemaweg 7
  Giethorn
  Tel. 05 21/36 13 21
  www.de-pergola.nl

Restaurant

De Lindenhof €€€

❗ Ausgesuchte Köstlichkeiten der Region kombiniert Sternekoch Martin

SEITENBLICK

Schlittschuhmarathon ⭐

Jeden Winter haben die friesischen Feuerwehren einen Nebenjob: Gemeinsam mit dem örtlichen IJsclub (Eisklub) fluten sie Wiesen und legen Eisfelder an mit Bahnen für Kortebaan-Wedstrijden oder Schaatsmarathon – Sprint oder Langstrecke. Überall werden Schlittschuh-Volksläufe – Tourtocht genannt – organisiert und Jahr für Jahr stellen sich die Sportler auf den schnellen Kufen eine Frage: »Wird es endlich wieder eine Elfstedentocht geben?« Überall wartet man auf eine durchgehend dicke Eisschicht, denn nur dann kann dieser traditionelle Schlittschuhmarathon durch elf Städte Frieslands starten. In den vergangenen 105 Jahren war dies nur 15-mal möglich, zuletzt 1997. 16 000 Teilnehmer machten sich auf die 200 km lange Tour von Leeuwarden über Sneek, Stavoren, Hindeloopen und Bolsward wieder nach Leeuwarden. Die schnellsten Läufer erreichen das Ziel nach knapp 7 Stunden (www.elfstedentocht.nl).

Der Norden Giethoorn, Meppel, Nationalparks Drenthe

Kruithof zu großartigen Menüs, dazu werden erlesene Tropfen aus dem Weinkeller gereicht. Übernachten kann man in zwei stilvollen Suiten des romantischen alten Bauernhauses.

- Beulakerweg 77
  Giethorn
  Tel. 05 21/36 14 44
  www.restaurantdelindenhof.nl
  Mo/Di, teils Jan. und Okt. geschl.

Meppel 19 [J5]

Der markante Turm der **Grote Kerk** (15. Jh.) prägt das Bild der Stadt, die dank ihrer Jachthäfen und der ausgedehnten Seenflächen des Umlandes zu einem Dorado für Wassersportler geworden ist. Das Meppeler Diep erlaubt Freizeitkapitänen den direkten Zugang zu den städtischen Grachten. Sehenswert ist neben der großen Stadtkirche im Stadtzentrum von Meppel das **Drukkerijmuseum**. Hier wird die Kunst der Papierherstellung, die Entwicklung der Schrift, das Handwerk des Druckens und Buchbindens anschaulich erläutert (Kleine Oever 11, Tel. 05 22/24 25 65, www.drukkerijmuseum-meppel.nl, Di–Sa 13 bis 17 Uhr).

Hotel

De Poort van Drenthe €
Nostalgisches Landgasthaus mit 13 funktional eingerichteten Zimmern und feiner Hausmannskost im hoteleigenen Café-Restaurant.

- Parallelweg 25
  7941 HH Meppel
  Tel. 05 22/25 10 80
  www.hotel-meppel.nl

Nationalparks von Drenthe

Zwei Nationalparks nördlich bzw. nordöstlich von Meppel laden zu ausgedehnten Wanderungen oder Fahrradtouren ein.

Europas größtes Heidefeuchtgebiet erstreckt sich in der Provinz Drenthe und ist geschützt durch den **Nationalpark Dwingelderveld** 20 [K4/5]. Im Frühling und Herbst rasten Tausende Zugvögel in dem 3700 ha großen Gebiet mit verstreuten Moorseen und sumpfigen Senken (Besucherzentrum Dvingelderveld [K5]: Benderse 22, 7963 RA Ruinen, Tel. 05 22/47 29 51, www.nationaalpark-dwingelderveld.nl, April–Sept. tgl. 10–17, sonst Di bis So 10–17 Uhr).

An der Nordgrenze des Parks sind der Ort **Dwingeloo** und das Planetron mit den Radioteleskopen durch ihre Erwähnung in Harry Mulischs Roman »Die Entdeckung des Himmels« (1992) bekannt. Leider musste es wegen wirtschaftlicher Probleme 2015 schließen.

Wenige Kilometer westlich liegt das Dorf **Diever** fernab von Hektik und Lärm inmitten des 4000 ha großen Nationalparks **Drents-Friese Wold** 21 [J/K4]. Das Schultehuis am Brink beherbergt ein Museum für bäuerliche Wohnkultur. Der Nationalpark schützt eine hügelige Heidelandschaft mit ausgedehnten Wäldern (Besucherzentrum Appelscha [K4], Terwisscha 6a, 8426 SJ Appelscha, Tel. 05 16/46 40 20, www.np-drentsfriesewold.nl).

Radtouren SPECIAL

SPECIAL
Freiheit auf dem Fietspad

Das Fahrrad *(fiets)* ist in den Niederlanden allgegenwärtig, rund 45 000 Kilometer bestens gepflegter Radwege sorgen für geradezu paradiesische Zustände: Es gibt ein eigenes Wegenetz von Fietspaden, die schnellen Verbindungen sind mit weiß-roten, die landschaftlich reizvollen mit weiß-grünen Schildern markiert. An Kreuzungen stehen Radfahrerampeln, in den Städten gibt es Parkhäuser, Parkuhren und Waschanlagen nur für Drahtesel. Selbst Ordnungshüter sind auf zwei Rädern im täglichen Einsatz. Und natürlich gibt es auch ein Fahrradmuseum, das Nationaal Fietsmuseum Velorama in Nijmegen › S. 118.

Einen Überblick über das Netz der ausgeschilderten Tourenwege Landesljike Fietsroutes (LF) und nützliche Tipps bietet Stichting Landelijk Fietsplatform, die Organisation für Radwandern (www.nederlandfietsland.nl). Topografische Fahrradkarten des Verlags ANWB für regionale Touren gibt es im Buchhandel oder bei den VVV (www.anwb.nl). **50 Dinge** ② › **S. 12**.

Als Tourenspezialist kombiniert etwa Cycletours den Spaß auf zwei Rädern mit dem einer Schiffsreise zu Bike & Barge Tours z. B. durch das Tulpenland.

- **Cycletours** [a4]
  Buiksloterweg 7A
  1031 CC Amsterdam
  Tel. 020/5 21 84 90
  www.cycletours.com

Drahtesel zu verleihen ...

Urlauber können ihr Fahrrad bequem per Bahn befördern. Zum Transport ins Urlaubsgebiet benötigt man eine Internationale Fahrradkarte (www.bahn.de). In den

SPECIAL Radtouren

Niederlanden selbst nutzt man die Tageskarte Dagkaart Fiets (6 €, www.ns.nl).

Ansonsten kann man an mehr als 100 Bahnhöfen preisgünstig Räder mieten und abgeben (Kaution!). Auch in Naturparks wie De Hoge Veluwe stehen Leihräder (mit Kindersitzen) zur Verfügung. Zudem gibt es vielerorts private Verleiher, die auch Tagestouren organisieren.

- **Yellow Bike** [b2]
  Nieuwezijds Kolk 29
  1012 SE Amsterdam
  Tel. 020/6 20 69 40
  www.yellowbike.nl

Radfahrer willkommen!

In Holland gibt es über 1000 fahrradfreundliche Adressen entlang der Radwege. Hotels und Gaststätten, in denen Radler auch mit plattem Reifen oder regennasser Kleidung willkommen sind, erkennt man am Schild »Fietsers Welkom!« Hier kann man die Wasserflasche auffüllen, Reifen aufpumpen, Radkarten kaufen oder einsehen (www.nederlandfietsland.nl, in Niederländisch: www.allefietserswelkom.nl).

Schlafen bei Freunden

Die Stiftung Vrienden op de Fiets vermittelt im ganzen Land sowie in Belgien rund 3700 preiswerte Unterkünfte mit Frühstück speziell für Radfahrer. Gegen eine geringe Mitgliedsgebühr erhält man ein Adressverzeichnis und viele praktische Tipps für die Tourenplanung.

- **Vrienden op de Fiets** [D8]
  PO Box 1024
  2340 BA Oegstgeest
  Tel. 088/123 8999
  www.vriendenopdefiets.nl

Gegen den Wind

250 km nordwärts über Dünen und Deiche führt eine sechstägige Küstentour für sportliche Radwanderer von Middelburg über das Sturmflutwehr an der Oosterschelde und Maassluis zu den Nordseebädern Scheveningen, Katwijk und Noordwijk. Nach einem Abstecher in das Zentrum von Haarlem erreicht man über Bergen aan Zee den Zielort Den Helder.

Rijwiel Vierdaagse

Ein familienfreundlicher Fahrrad-Klassiker ist die viertägige Erkundungstour über die flachen Hügel der Provinz Drenthe. Je nach Lust und sportlicher Kondition kann man täglich zwischen 30 und 150 km zurücklegen und dabei die Landschaft der sagenumwobenen Hünengräber erkunden.

Einen Terminkalender der Fahrrad-Events findet man unter www.niederlande.de. Pro Jahr werden rund 8000 organisierte Touren veranstaltet. Der zweite Samstag im Mai ist der Nationale Fahrradtag!

Kleines Radlerlexikon

Deutsch	Niederländisch
Fahrrad	fiets
Fahrradweg	fietspad
Fahrradverleih	fietsverhuur
Kindersitz	kinderstoeltje
Stadtplan	plattegrond
Flickzeug	bandenplakset
Luftpumpe	fietspomp
Entfernung	afstand

Texel **Der Norden**

Unterwegs auf den Watteninseln

Wie fünf grün-sandige Fladen liegen die friesischen Watteninseln vor der Küste. Im Sommer suchen und finden Hunderttausende dort Sonne, Sport und Badespaß. Das Fahrrad ist das bevorzugte Transportmittel; Vlieland und Schiermonnikoog sind autofrei.

Verkehr
- Täglich mehrere (Auto-)Fährverbindungen von Den Helder nach Texel (ca. 20 Min., Info: www.teso.nl), von Harlingen nach Vlieland und Terschelling (Schnelldienst 30 bzw. 45 Min., Info: www.rederij-doeksen.nl), von Holwerd nach Ameland sowie von Lauwersoog nach Schiermonnikoog (jeweils 45 Min., Info: www.wpd.nl).
- Zwischen den Inseln sind meist nur Ausflugsboote mit eingeschränkten Fahrplänen im Einsatz (Ausnahme: Texel–Vlieland im Juli/Aug. tgl. 9.30 und 10.45 Uhr; Vlieland–Terschelling Di, Mi, Do 10.05 Uhr). Infos beim jeweiligen VVV › **S. 74, 75, 76**.
- Fahrräder werden überall verliehen – oder man nimmt das eigene Rad mit.

Texel 22 [E3/4]

Schon im Mai lohnt eine Reise auf die größte und abwechslungsreichste der Watteninseln: Blühende Blumenfelder, der markante rote Leuchtturm und die vielen Lämmer sind schöne Fotomotive. Typisch für das sanft hügelige Texel mit seinem 25 km langen Sandstrand sind die spitzgiebeligen, reetgedeckten Gülfhäuser. **Den Burg** ist das größte Dorf; **De Koog** erwacht nur im Sommer zum Leben – dann aber richtig.

Die 13 500 Bewohner leben von Tourismus, Landwirtschaft, Fischerei und Schafzucht. Trotz des Rummels gibt es noch stille Rückzugsorte wie die Dörfer **Oosterend** und **Oudeschild** im Nordosten. Im Norden bei De Cocksdorp kann man den roten **Leuchtturm** über 153 Stufen erklimmen (Mai bis Sept. Mo bis Fr 10–20, Sa/So 10–17 Uhr, sonst eingeschränkt).

Der größte Teil der Insel ist Landschaftsschutzgebiet. 306 Vogelarten nisten an kleinen Seen, die nach Deicheinbrüchen entstanden, sog. *weelen*. Ecomare, ein Natur- und Informationszentrum für das Wattenmeer, bietet Unterwasseraquarien und ein Pflegezentrum für Seehunde (Ruyslaan 92, De Koog, tgl. 9–17 Uhr, www.ecomare.nl).

Reetgedecktes Haus auf Ameland

Der Norden   Texel, Vlieland

Dünen auf der 30 km langen Insel Terschelling

Info
VVV
- Emmalaan 66 | 1791 AV Den Burg
  Tel. 02 22/31 47 41 | www.texel.net

Hotels
Opduin €€
Moderner Komplex mit Schwimmbad in den Dünen, ruhig, strandnah.
- Ruyslaan 22 | De Koog
  Tel. 02 22/31 74 45 | www.opduin.nl

Tatenhove €
Rustikale Hotel-Pension mit Blick auf Dünen und Wiesen.
- Bosrandweg 202 | De Koog
  Tel. 02 22/31 72 74
  www.hoteltatenhove.nl

Texel Yurts €
❗ Komfortabel eingerichtete Jurten samt Küchenzeile; bei Familien beliebt.
- De Ruyterstraat 36 | Oudeschild
  Tel. 06/50 52 87 08
  www.texelyurts.nl

Restaurant
Vogelhuis Oranjerie €€
Holländische Küchenklassiker sowie Fisch und Meeresfrüchte.

- Dorpsstraat 204 | De Koog
  Tel. 02 22/31 72 79
  www.restaurantvogelhuistexel.nl

Vlieland 23 [E3–F2]

Trotz der 8000 Besucher pro Saison geht es auf der kleinen, autofreien Insel mit ihren 1100 Bewohnern recht geruhsam zu. Fahrradwege durchziehen die Dünenlandschaft, in der das Besucherzentrum **De Noordwester** Startpunkt zu einer Erkundungstour ist (Dorpsstraat 150, www.denoordwester.nl). **Oost-Vlieland,** ein altes Fischerdorf, lockt mit Giebelhäusern aus dem 17. Jh. an der Dorpsstraat und einem hübschen Leuchtturm (Mo–Fr 14–16, Sa/So 10.30–12 Uhr, außerhalb der Saison eingeschränkt). Hauptattraktion für Sommergäste ist der etwa 12 km lange Sandstrand an der Westseite. **50 Dinge** ① › S. 12.

Info
VVV
- Havenweg 10 | 8899 BB Vlieland
  Tel. 05 62/45 11 11
  www.vlieland.net

Karte S. 62

Terschelling, Ameland **Der Norden**

Hotel
De Wadden €€
Familiäres Quartier mit modern-maritim eingerichteten Zimmern, teils Meerblick. Gutes Restaurant.
- Dorpsstraat 61
  8899 AD Vlieland
  Tel. 05 62/45 26 26
  www.westcorddewadden.nl

Terschelling 24 [F2–G1]

Auf sechs Ortschaften verteilen sich die rund 4500 Einwohner der Insel. Hauptziel für Sonnenhungrige ist der lange, rund 1 km breite Sandstrand. Jugendliches Publikum schätzt die Hauptorte **West-Terschelling** sowie **Midsland** wegen der Auswahl an Bars, Discos und Restaurants. Ruhe und Entspannung findet man bei Wanderungen z. B. durch De Boschplaat und De Noordvaarder. Wegen der einzigartigen Vielfalt an Wildpflanzen wurde Terschelling zum Europäischen Naturschutzgebiet ernannt.

Die Insel war schon im 13. Jh. bewohnt. Im 16./17. Jh. gewann sie durch den Handel mit den Zuiderzee-Städten und die Waljagd an Bedeutung. Heute sind die Cranberries ein Exportschlager. **50 Dinge** ㊴ › S. 16. Vom frühen Reichtum zeugen die Fassaden der Kapitänshäuser in den beiden Hauptorten. Im **Gemeentemuseum 't Behouden Huys** von West-Terschelling erfährt man viel über die Trachten, den Walfang sowie das Lotsenwesen (Commandeursstr. 30–32, April–Okt. Di–Fr 10–17, Sa/So (Juli/Aug. auch Mo) 13–17 Uhr, www.behouden-huys.nl).

Info
VVV
- Willem Barentszkade 19a
  8881 BC West-Terschelling
  Tel. 05 62/44 30 00
  www.vvvterschelling.nl

Hotels
Hotel NAP €€
Traditionshotel mit 32 Zimmern, schöner Terrasse und niveauvoller regionaltypischer Küche.
- Torenstraat 55
  West-Terschelling
  Tel. 05 62/44 32 10
  www.hotelnap.nl

Bornholm €€
Frisch renoviertes Hotel mit modernster Ausstattung, Sauna, Dampfbad und Fitness in schöner ländlicher Lage.
- Hoofdweg 6
  West-Terschelling
  Tel. 05 62/44 22 66
  www.hotelbornholm.nl

Ameland 25 [G/H1]

Dünen, Wald, ein langer Sandstrand und die große Artenvielfalt an Vögeln sind die Besonderheiten dieser 27 km langen und somit drittgrößten Watteninsel. Die rund 3300 Einwohner verteilen sich auf den Hauptort Nes sowie die Dörfer Hollum, Ballum und Buren. Im 17. und 18. Jh. lebte die Bevölkerung vom Walfang. Zeichen des damaligen Wohlstands sind die Kommandeurshäuser. Das **Cultuur-Historisch Museum** zeigt, wie das Leben einer Ameländer Kapitänsfamilie vor 250 Jahren aussah (Herenweg 1, Hol-

Der Norden — Schiermonnikoog

Karte S. 62

lum, Juli/Aug. Mo–Fr 10–17, Sa/So 13.30–17 Uhr, sonst kürzer).

In der unberührten Dünenlandschaft der Naturschutzgebiete Den Oerd und De Hon im östlichen Teil der Insel brüten rund 50 Vogelarten. Während der Brutzeit sind Teile des Areals gesperrt.

Info
VVV
- Bureweg 2
  9163 KE Nes
  Tel. 05 19/54 65 46
  www.vvvameland.nl

Hotels
Hofker €€
Schön gelegener, traditionsreicher Familienbetrieb, recht gemütliche Zimmer und Apartments mit Blick auf das Meer oder ins Grüne.
- Jan Hofkerweg 1
  Nes
  Tel. 05 19/54 20 02
  www.hotel-hofker.nl

Amelander Kaap €€
Freundlich-komfortabler Neubau mit gutem Sportangebot, in der Nähe des Leuchtturms.
- Oosterhiemweg 1
  9161 CZ Hollum
  Tel. 05 19/55 46 46
  www.amelander-kaap.nl

Restaurant
De Klimop €€
In urigem Ambiente werden lokale Fleisch- und Fischspezialitäten serviert.
- Jan Hofkerweg 2
  Nes
  Tel. 05 19/54 22 96

Schiermonnikoog 26 [J1]

Von 1878 bis 1945 war die Insel im Besitz der deutschen Grafenfamilie Bernstorff, nach dem Krieg ging sie in Staatsbesitz über. Heute leben rund 1000 Menschen auf dem 14 km langen, autofreien Eiland, das 1989 zum Nationalpark erklärt wurde und Einsamkeit verspricht, trotz jährlich 300 000 Besuchern – dabei handelt es sich überwiegend um Tagesausflügler.

Im Besucherzentrum **Nationaal Park Schiermonnikoog** kann man geführte Touren durch das Watt, die Dünen und ins Vogelreservat Kobbeduinen buchen (Torenstreek 20, www.nationaalpark.nl/schiermonnikoog).

Info
VVV
- Reeweg 5
  9166 PW Schiermonnikoog
  Tel. 05 19/53 12 33
  www.vvvschiermonnikoog.nl

Restaurant
De Zeester €€
In den Dünen gelegenes Eetcafé und Grillhouse-Restaurant.
- Badweg 117
  Schiermonnikoog
  Tel. 05 19/53 15 66
  www.dezeesterkatwijk.nl
  tgl. bis 21.30 Uhr

Scheveningens prachtvolles Kurhaus an der Strandpromenade

HOLLANDS LANGE BADEKÜSTE

Kleine Inspiration

- **An den malerischen zeeländischen Hafenpromenaden** fangfrische Krabben, Austern oder Muscheln genießen › S. 87
- **Die schönste Sandburg** des Strandes bauen – und gelassen zusehen, wie die Flut alle Türme, Zinnen und Erker wieder davonspült › S. 98, 106
- **Im Dünendurcheinander** von Noordhollands Duinreservaat für einige Stunden die Orientierung verlieren › S.106

Badeküste Tour 6–8

Sandburgen bauen, Dünen erklimmen, in der Nordsee plantschen – dieses Programm begeistert Millionen von Urlaubern. Nur einen Steinwurf von der Küste entfernt liegen stolze alte Handels-, Hafen- und Residenzstädte.

Braungebrannt oder sandgestrahlt, menschenleer oder trubelig-turbulent, traditionsgeladen oder einfach nur total entspannt: Die niederländische Küstenregion zwischen Zeeland im Südwesten und Den Helder im Norden ist ein sehr abwechslungsreicher, 280 km langer Landstrich, der kaum einen Urlaubswunsch offen lässt. Kilometerlange Sandstrände und beeindruckende Dünengürtel halten dem nie endenden Anbranden der Nordseewellen stand. Nostalgische und teilweise mit eigenwilligen modernistischen Blickfängen geschmückte Strandbäder wie Zierikzee, Scheveningen oder Katwijk aan Zee wechseln sich ab mit familienfreundlichen Campingplätzen oder Hüttendörfern. Ganz im Süden sorgen beeindruckende Sturmflutwehre an der Oosterschelde sowie am Hoek van Holland dafür, dass die Wogen das Land nicht überspülen – es liegt zum Teil unter dem Niveau einer durchschnittlichen Flut.

Nur wenige Kilometer von der Badeküste entfernt zeugen die nostalgischen alten Hafen-, Handels-, Residenz- und Festungsstädte Südhollands, vor allem Delft, Leiden und Haarlem, mit sehr gut erhaltener historischer Bausubstanz vom Wohlstand der vergangenen Jahrhunderte und vom Einfallsreichtum der Niederländer, deren touristisch extrabreites Angebot jedes Jahr Millionen von Urlaubern überzeugt. Die altehrwürdigen Windmühlen von Kinderdijk, die Blütenorgien in Keukenhof oder die Käsemärkte von Gouda, Edam und Alkmaar sind liebevoll gepflegte Holland-Klischees mit Wohlfühlgarantie. Und auch die beiden Metropolen des Landes, das fröhlich-museale Amsterdam sowie das moderne, umtriebige Rotterdam mit seinem Welthafen und vielen überraschenden Facetten, liegen in Reichweite von Strand und Meer.

Mühlenlandschaft bei Kinderdijk

Karte S. 80   Tour 6: Delta mit Vergangenheit   **Badeküste**

Touren in der Region

 ## Delta mit Vergangenheit

Route: Bergen op Zoom › Vlissingen › Middelburg › Zierikzee › Dordrecht

Karte: Seite 80
Dauer: 2 Tage (ca. 220 km); auch als Fahrradtour in 3–4 Tagen machbar.
Praktische Hinweise:
- Die Inseln sind durch Straßen und Brücken verbunden, es gibt aber auch Fähren für Fußgänger und Radfahrer › Seitenblick S. 87.
- Wochenmärkte in Middelburg und Zierikzee jeweils Donnerstagvormittag; die Senffabrik in Zierikzee ist im Juli/August Di bis Sa 13 bis 16 Uhr für Besucher geöffnet.

Tour-Start:

Das Mündungsdelta von Rhein, Maas und Schelde wurde durch den Menschen massiv verändert › S. 89. Eine Reise durch die Provinz Zeeland eröffnet spannende Einblicke in die Geschichte und Gegenwart an Ooster- und Westerschelde.

Bergen op Zoom 1 › S. 84 ist ein günstiger Startpunkt, weil hier als Alternative zum Auto auch Fahrräder oder Motorboote für die Erkundung der zeeländischen Inselwelt verliehen werden. Auf ruhigen Nebenstraßen erkundet man am ersten Tag das ländliche Zeeuws Flanderen › S. 85, bevor man auf die durch Eindeichen zusammengewachsenen Inseln Walcheren und Zuid-Beveland weiterfährt. Hier sprechen frische Meeresfrüchte und das Maritiem MuZEEum nachdrücklich für einen Stopp in **Vlissingen** 5 › S. 85. Abends logiert man im schmucken **Middelburg** 6 › S. 86, dessen alte Gassen man am folgenden Morgen erkundet.

Windig und technisch spannend wird die Fahrt über das Flutwehr der Oosterschelde samt einem Stopp am Infozentrum auf der Insel **Neeltje Jans** 13 › S. 89, bevor man im hübschen **Zierikzee** 10 › S. 88 durch die Altstadt flaniert. Die lebhafte historische Stadt **Dordrecht** 15 › S. 90 an der Maas ist der Endpunkt der Tour. Dordrecht bietet sich dank guter Nahverkehrsanbindung als Standort an, um Rotterdam und seine Umgebung ohne Stau und Parkplatzstress zu erkunden.

Ziehbrücke in Dordrecht

Badeküste   Tour 6 | 7

Alte Handelsstädte mit jungem Schwung

Route: Delft › Den Haag › Leiden › Haarlem

Karte: Seite 80
Dauer: 3 Tage (ca. 60 km)
Praktische Hinweise:
- Zwischen den Städten verkehren Busse und Züge im Stundentakt.
- Montags sind viele Museen zu. Orgelkonzerte in der Grote Kerk von Haarlem Mai–Okt. Di 20.15 Uhr.

Tour-Start:

Alte Meister, traditionelles Kunsthandwerk, schmucke Altstädte und originelle Geschäftsideen am Wegesrand machen eine Tour durch die südholländischen Städte zum Erlebnis. Am Anfang steht **Delft** 20 › S. 95, die Stadt der feinen Fayencen, mit ihren charmanten Grachten, auf denen im Sommer die Seerosen blü-

Touren an der südlichen Badeküste

Tour 6 Delta mit Vergangenheit
Bergen op Zoom › Vlissingen › Middelburg › Zierikzee › Dordrecht

Tour 7 Alte Handelsstädte mit jungem Schwung
Delft › Den Haag › Leiden › Haarlem

Badeküste Tour 7: Alte Handelsstädte mit jungem Schwung   Karte S. 80

hen. Der Stadtbummel führt auch in eine Porzellanmanufaktur, bevor man nur 15 km weiterreist: nach **Den Haag** 21 › **S. 96**. Die königliche Residenzstadt ist auch Regierungssitz mit Palästen und musealen Schätzen, Nobelhotels und prächtigen Parks. Wer abends Karten für eine Vorstellung des weltberühmten Nederlands Dans Theater ergattern kann, sollte diese Gelegenheit unbedingt nutzen.

Der zweite Reisetag beginnt mit einem Bummel über den repräsentativen Binnenhof und einem Besuch der Gemäldesammlung im Museum Mauritshuis. Anschließend erreicht man in einer knappen Stunde die Universitätsstadt **Leiden** 23 › **S. 98**. Eine abendliche Grachtenfahrt bietet originelle Einblicke in diese alte, junge Stadt, bevor man sich am Beestenmarkt eine Lieblingskneipe aussucht. **Haarlem** 27 › **S. 103**, die Stadt der Künste, prägt den dritten Reisetag: mit grandiosen mittelalterlichen Bauten, der großartigen Ausstellung im Frans-Hals-Museum und vielleicht einem Orgelkonzert in der Grote Kerk.

Wer in Amsterdam früh am Morgen losfährt und den Kaasmarkt in Edam noch am selben Tag besucht, kann die Tour um einen Tag verkürzen. Noch einen Tag kürzer wird die Route, wenn man die Dampfzug-Schiff-Fahrt auslässt und stattdessen mit dem Auto von Hoorn nach Enkhuizen ins Zuiderzee-Museum fährt und am selben Tag weiter nach Alkmaar reist.

Praktische Hinweise:
- Für diese Tour sollte man ein Auto zur Verfügung haben.
- Kaasmarkt in Edam Ende Juni bis Mitte Aug., Mi 10.30–12.30 Uhr, in Alkmaar April–Sept. Fr 10 bis 12.30 Uhr.
- Der Ausflug per Dampfzug und Schiff von Hoorn über Medemblik nach Enkhuizen ist von April bis Okt. möglich; der Zug startet um 11, an ausgewählten Sommertagen zusätzlich um 10 Uhr in Hoorn und kommt um 12.25 bzw. 11.20 Uhr in Medemblik an, wo eine Stunde später das Schiff nach Enkhuizen ablegt (90 Min. Fahrzeit); Info unter www.museumstoomtram.nl.

 **Zwischen Dünen und Deichen**

Route: Amsterdam › Marken › Volendam › Edam › Hoorn › Enkhuizen › Afsluitdijk › Alkmaar › Zaanse Schans › Amsterdam

Karte: Seite 83
Dauer: 5 Tage (ca. 150 km)

Tour-Start:
Holland von seiner traditionell-fotogenen Seite lernt man auf dieser Rundfahrt durch das ländliche Idyll zwischen IJsselmeer und Nordseeküste kennen.

Über die N 247 und N 518 erreicht man von Amsterdam › **S. 46** aus die über einen Deich mit dem Festland verbundene Insel **Marken** 43 › **S. 112**: Hier und im Städtchen **Volendam** 42 › **S. 112** scheint

Tour 8: Zwischen Dünen und Deichen **Badeküste**

Karte S. 83

die Zeit stehen geblieben zu sein und man sieht noch häufig die schönen altholländischen Trachten. Weiter geht es nach **Edam** 41 › S. 111, wo man am nächsten Morgen den berühmten Käsemarkt erlebt. Nach dem Spektakel lässt man den Tag in den denkmalgeschützten Gassen von **Hoorn** 39 › S. 110 ausklingen, wo man u. a. in umgebauten Straßenbahnen übernachten kann.

Am nächsten Morgen genießen Nostalgiker eine Fahrt mit dem historischen Dampfzug nach **Medemblik** 36 › S. 108 und die anschließende Schiffsfahrt ins malerische **Enkhuizen** 38 › S. 108. Hier hat das Zuiderzeemuseum bis 17 Uhr geöffnet. Mit der Regionalbahn kommt man abends zurück nach Hoorn.

Am vierten Tag führt ein Abstecher zum **Afsluitdijk** 35 › S. 108 der Zuiderzee, einem wahren technischen Meisterwerk, bevor man ins charmante Seebad **Bergen** 32 › S. 106 mit seinen gepflegten Villenvierteln aufbricht. Übernachten kann man hier oder im mittelalterlichen **Alkmaar** 33 › S. 107. Nach einem Morgenspaziergang durch

Tour an der nördlichen Badeküste

Tour 8 **Zwischen Dünen und Deichen**
Amsterdam › Marken › Volendam › Edam › Hoorn › Enkhuizen › Afsluitdijk › Alkmaar › Zaanse Schans › Amsterdam

Badeküste Tour 8: Zwischen Dünen und Deichen Karte S. 83

Alkmaar besucht man das Freilichtmuseum **Zaanse Schans** › S. 56 mit seinen vielen kleinen Ausstellungen, bevor man am späten Nachmittag wieder nach Amsterdam zurückkehrt.

Verkehrsmittel

- Ein dichtes Straßennetz, schnelle, häufige und zuverlässige Verbindungen mit Bus und Bahn sowie vorbildlich angelegte Fahrradwege erschließen auf vorbildliche Weise die Region. Während der Sommermonate ist es schwierig, in den Städten einen Parkplatz zu ergattern, und Falschparker müssen mit empfindlichen Strafen rechnen! Daher sollte man besser außerhalb der Siedlungskerne parken und mit öffentlichen Verkehrsmitteln weiterfahren.

Wichtige Adressen

Promotie Zeeland Delta [B12]
- Schuitvlotstraat 32
  4357 ZG Domburg
  Tel. 01 18/58 77 07
  www.vvvzeeland.nl

Zuid-Hollands Bureau voor Toerisme (ZHBT) [D9]
- Rotterdamseweg 402h
  2629 HH Delft
  Tel. 015/251 23 30
  www.vvvzhz.nl
  www.zuid-holland.nl

VVV Noord-Holland [E6]
- Waagplein 2
  1811 JP Alkmaar
  Tel. 072/511 42 84
  www.halbinselholland.com

Unterwegs an Hollands Badeküste

Bergen op Zoom 1 [D12]

Die Grenzstadt im Südwesten (66 400 Einw.) bietet sich als Standort für Erkundungen der Provinz Zeeland an. Der Stadtkern um die 1972 fast vollständig ausgebrannte und aufwendig rekonstruierte **Sint Gertrudiskerk** (Grote Markt, Di–Sa 13–16.30 Uhr) und das **Stadhuis** aus dem 15. Jh. ist vor allem donnerstags ein Farbenmeer, wenn am Gedempte Haven der Wochenmarkt stattfindet (9–16 Uhr). Vom Kirchturm kann man bei gutem Wetter bis nach Antwerpen sehen.

Im **Gemeentemuseum Het Markiezenhof** sind Prunkgemächer aus der Zeit der Bourbonenherrschaft erhalten. Zudem findet sich hier Sammlungen von Spottbildern aus drei Jahrhunderten sowie religiöser Kunst aus Limburg (Steenbergsestraat 8, Di–So 11–17 Uhr, www.markiezenhof.nl).

Hotel

De Draak €€
Das älteste Hotel der Niederlande setzt seit 1397 auf gediegene Gastlichkeit.
- Grote Markt 30 + 36–38
  4611 NT Bergen op Zoom
  Tel. 01 64/25 20 50
  www.hoteldedraak.nl

Karte S. 80

Im Reich des Deltaplans **Badeküste**

Zeeuws Flanderen

Das zeeländische Flandern südlich der Westerschelde ist eher flämisch als niederländisch geprägt. In **Hulst** 2 [C13], der Grenzstadt zu Belgien, ist die spätgotische Willibrorduskerk (Grote Markt, tgl. 9–16 Uhr) das auffälligste Bauwerk. Beachtung verdienen auch das Stadhuis (1534) und diverse Häuser mit Spitz- und Treppengiebeln (Steenstraat). Aus dem 16.–18. Jh. sind zudem drei Stadttore erhalten.

Das flache Land entpuppt sich als überaus lohnendes Ausflugsziel.

Das seit der Antike besiedelte **Aardenburg** 3 [B13] wartet mit den bemalten Sarkophagen in der St. Baafskerk auf (April–Okt. Di–So 14–16 Uhr).

Das Festungsstädtchen **Sluis** 4 [A13] mit seinen sechs Bastionen läßt sich am besten zu Fuß entdecken. Außerdem sind hier, im einstigen Vorhafen von Brügge, ein mittelalterlicher Belfort, der für flämische Städte so charakteristisch ist, sowie die Windmühle De Brak zu bewundern (Nieuwestraat 26, in der Saison tgl. 10–17 Uhr).

Restaurant
La Trinité €€€

❗ Feine innovative Sterneküche von François de Potter. Außerdem gibt es eine gemütliche Terrasse und eine schicke Bar, um den Aperitif zu genießen.

- Kaai 11
  4524 CL Sluis
  Tel. 01 17/46 20 40
  www.latrinite.nl
  Mi/Do geschl.; reservieren!

Im Reich des Deltaplans

Vlissingen 5 [B12]

Der rege Schiffsverkehr in der Hafenstadt (48 000 Einw.) lässt sich vom 2 km langen Boulevard an der Westerschelde gut beobachten. Typisch für das Straßenbild sind die »Blauen Jungs«, Kadetten der Marineschule des Landes. An die maritime Vergangenheit der Region und an den hier geborenen berühmten Seefahrer Michiel Adrianszoon de Ruyter (1607–1676) erinnert das topmoderne **Zeeuws Maritiem MuZEEum** (Nieuwendijk 11, Mo–Fr 10–17, Sa/So 13–17 Uhr, www.muzeeum.nl).

Im Erlebnispark nebenan, **De Arsenaal**, vergnügen sich Kinder auf dem Gespensterschiff und im Schiffbruchsimulator (tgl. 10–19, Juni–Sept. bis 20 Uhr, www.arsenaal.com).

Info
VVV
- Spuistraat 30
  4381 ER Vlissingen
  Tel. 01 18/42 21 90
  www.vvvzeeland.nl

Hotel
Hotel Bed by the Sea €€

Hier findet man Zimmer unterschiedlicher Kategorien in einem Jugendstil-Schmuckstück zwischen Einkaufsmeile und Strand.

- Spuistraat 59 | Vlissingen
  Tel. 01 18/41 16 11
  www.hotelbedbythesea.com

Slaapstrandhuisjes €€
❗ Bunte Holzhäuschen mit vier bis sechs Betten und komplett ausgestatteter Küche direkt am Strand, buchbar von April bis September.
- Burgemester van Woelderenlaan 1 Vlissingen | Tel. 01 18/47 03 86
www.slaapstrandhuisje.nl/de

Restaurant
De Vissershaven €€
Fangfrische Köstlichkeiten, traditionell zubereitet und serviert mit Blick auf den alten Hafen.
- Bellamypark 2 | Vlissingen Tel. 01 18/41 21 32
www.devissershaven.nl

Middelburg 6 [B12]

Im Mai 1940 legten deutsche Luftangriffe die mittelalterliche Handelsstadt auf der Insel Walcheren in Trümmer. Doch dank erfolgreicher Restaurierungsarbeiten trägt Middelburg (40 000 Einw.) das Prädikat Denkmalstadt. Zeugnisse der einst glorreichen Tage sind schöne Kaufmanns- und Patrizierhäuser am Londense-, Rouaanse- und Rotterdamsekaai, allen voran das **Stadhuis** am Markt, errichtet im bombastischen Stil der flämischen Gotik.

Den Kern der mittelalterlichen Siedlung bildete die große **Onze Lieve Vrouwe Abdij** mit dem 91 m hohen Turm Lange Jan. In einem Teil der Abtei ist heute das **Zeeuws Museum** untergebracht (Korte Burg 2, Di–So 11–17 Uhr, www.zeeuwsmuseum.nl).

Die wichtigsten Sehenswürdigkeiten der Region sind im Freilichtmuseum **Miniatuur Walcheren** am Molenwater im Maßstab 1:20 nachgebaut (Ende Juni–Anf. Sept. tgl. 10–20, sonst bis 19 Uhr; im Winter nur an bestimmten Tagen, www.minimundi.nl).

Info
Tourist Shop
- Markt 65 c
4331 LK Middelburg
Tel. 01 18/67 43 00
www.touristshop.nl

Hotel
De Nieuwe Doelen €€
Einfaches Hotel mit viel Flair und schönem Garten, direkt am Kanal. Zimmer in drei verschiedenen Größen.
- Loskade 3–7 | Middelburg
Tel. 01 18/61 21 21
www.hotelsdenieuwedoelen.nl

Vor dem Stadhuis von Middelburg

Karte S. 80

Im Reich des Deltaplans **Badeküste**

Restaurants
De Eetkamer €€
Feine, französisch inspirierte Küche Zeelands in romantischem Ambiente.
- Wagenaarstraat 13 | Middelburg
  Tel. 01 18/63 56 76
  www.eetkamermiddelburg.nl
  So/Mo geschl.

Peper en Zout €€
Vorzügliche, saisonal wechselnde Regionalküche.
- Lange Noordstraat 8 | Middelburg
  Tel. 01 18/62 70 58
  www.peperenzout.com
  Di/Mi geschl.

Domburg und Veere

Domburg 7 [B12] mit seinem markanten Wasserturm gilt als ❗ ältestes und schönstes Seebad Zeelands.

Die malerische Festungsstadt **Veere** 8 [B12] erinnert an die rauen Zeiten, als immer wieder fremde Seefahrer die Schatztruhen der Handelsherren zu plündern versuchten. Die gotischen Schotse Huizen am Jachthafen wurden zum Museum umgebaut. Es zeigt historisches Mobiliar sowie Werke der kleinen Künstlerkolonie, die hier zu Anfang des 20. Jhs. ansässig war (Kaai 25–27, April–Nov. tgl. 10–17, sonst nur Sa/So 10–17 Uhr, www.schotsehuizen.nl). Sehenswert sind zudem das Stadhuis am Markt mit prachtvoller Statuettenfassade, 1470 im Stil der Brabanter Gotik errichtet, sowie die spätgotische Grote Kerk (Oudestraat 26, Juni bis Aug. tgl. 11–17 Uhr).

Goes 9 [C12]

Die Stadt (37 000 Einw.) unterstrich schon im 15. Jh. ihre Rolle als regionales Zentrum von Zuid-Beveland mit einem eindrucksvollen **Stadhuis** (am Markt), dessen Fassade später mit Elementen des Rokoko modernisiert wurde. In der turmlosen **Maria Magdalenakerk** (Singelstraat 9), im Stil der Brabanter Gotik errichtet, erklingt eine pompös mit vielen Vergoldungen geschmückte Orgel (Konzerte im Sommer).

Restaurant
Karel V €€
Sehr bekanntes Fischrestaurant mit fangfrischen regionalen Spezialitäten.
- Turfkade 11 | Goes
  Tel. 01 15/25 15 55
  www.karelvijf.nl
  Di–So 17.30–21 Uhr, So Ruhetag

Shopping
Beste **Austern und Muscheln** direkt von den Züchtern kann man in Yer-

> **SEITENBLICK**
>
> **Rondje Pontje**
> Zahlreiche alte Fährverbindungen zwischen den zeeländischen Inseln wurden in den vergangenen Jahren für touristische Zwecke reaktiviert. Seither können Fußgänger und Radfahrer mit den Schiffen der Rondje Pontje in der Urlaubssaison von Ufer zu Ufer übersetzen und so attraktive Streifzüge durch Zeeland unternehmen. Die Fahrpläne erhält man in allen lokalen Büros der VVV oder unter www.rondjepontje.nl (nur Niederländisch, Fahrzeiten lassen sich aber erschließen).

Badeküste Im Reich des Deltaplans

Am alten Hafen von Zierikzee erhebt sich das im 14. Jh. erbaute Zuidhavenport

seke [C12], etwa 10 km östlich von Goes, kaufen. **50 Dinge** ⑬ › S. 13.

❗ Am 3. Augustsamstag ist Mosseldag, da gibt es sogar Meeresfrüchte gratis!

Zierikzee ⑩ ⭐ [C11]

Der Hauptort der Insel Schouwen Duiveland profitierte im 15. und 16. Jh. vom Salz und der Färberpflanze Krapp, noch heute handelt man gerne vor der altertümlichen Kulisse. In Zierikzee stehen mehr als 600 Objekte unter Denkmalschutz, darunter die herrlichen **Patrizierhäuser** am Havenpark, am Havenplein und am Oude Haven.

Drei Tore blieben als Reste der Stadtbefestigung erhalten: das **Noordhavenpoort** mit schöner Fassade, das **Zuidhavenpoort** mit weißer Zugbrücke und das mit seinem Doppelturm etwas düster wirkende **Nobelpoort** aus dem 14. Jh. Stolz präsentiert sich das städtische **Rathaus** mit dem kleinen **Stadhuismuseum**. Die Sammlung würdigt Zierikzee als Zentrum des niederländischen Silberschmiedehandwerks im 18. Jh. (Di–Sa 11–17, So 13–17 Uhr, www.schouwen-duiveland.nl/museum). Als moderner Kontrast spannt sich seit 1965 die elegante Zeelandbrücke, mit 5 km die längste Brücke der Niederlande, südlich der Stadt über die Oosterschelde.

Info

VVV
- Nieuwe Haven 7
  4301 DJ Zierikzee
  Tel. 09 00/2 02 02 33
  www.zeeland.nl

Hotel

Zierikzee €€
Moderne, helle Einzel-, Doppel- und Familienzimmer in einem gediegenen Kaufmannshaus.
- Driekoninglaan 7
  Zierikzee
  Tel. 01 11/41 23 23
  www.hotelzierikzee.nl

Karte S. 80

Breda **Badeküste**

Restaurant
Eetcafe Marktzicht €€
Maritimes Dekor, sehr leckere Muscheln.
- Havenplein 12 | Zierikzee
  Tel. 01 11/41 51 95
  www.eetcafe-marktzicht.nl
  tgl. 10–21.30 Uhr.

Shopping
In der nostalgischen **Mosterdfabriekje de Hoge Molen** kann man in den Sommermonaten exotische Senfkreationen verkosten und außerdem bei ihrer Herstellung zusehen.
- Hem 15 | Zierikzee
  Tel. 01 11/41 53 91

Ausflug von Zierikzee

Eine Zeitreise führt weg vom Strandtrubel in das gemütliche Dörfchen **Dreischor** 11 [C11] mit seiner gotischen Kirche; das Gotteshaus besitzt eine sehenswerte Grabkapelle. **Brouwershaven** 12 [C11] war einst der Stapelplatz für Rotterdam. Das elegante Raadhuis und die Nicolaaskerk im Stil der Brabanter Gotik erinnern an längst vergangenen Ruhm und Reichtum.

Breda 14 [E11]

Seit 1402 dokumentieren die Denkmäler in der ehemaligen Residenzstadt der Nassauer (178 000 Einw.) die wechselvolle Geschichte des Landes: Eindrucksvoll erhebt sich die im Stil der Brabanter Gotik errichtete **Onze-Lieve-Vrouwekerk** mit ihrem 97 m hohen, reich gegliederten Turm über das Häusermeer (Kerkplein 2, Mo–Sa 10–17, So 13 bis 17 Uhr). Im Inneren sind prächtige Renaissance-Grabmäler der Grafen von Nassau erhalten.

Ein Spaziergang sollte auch am **Wasserschloss Bouvigne** sowie am **Stadhuis** (Grote Markt) vorbeiführen.

SEITENBLICK

Delta Expo
Die Eindämmung des Flussdeltas von Maas und Schelde im Südwesten der Niederlande ist das großartigste Wasserbauprojekt, das in den Niederlanden je verwirklicht wurde. Auslöser für den Bau war die Sturmflut von 1953, die 1835 Todesopfer forderte. Weite Teile Zeelands standen damals unter Wasser.

Durch den Deltaplan wurde in 30 Jahren Bauzeit die Küstenlinie deutlich verkürzt und die Oosterschelde durch ein Sturmflutwehr mit 65 Pfeilerschleusen gesichert, die im Notfall die Bucht abriegeln. Durch den 50 m hohen »Pfeilerdamm« fließt stetig frisches Gezeitenwasser in die Schelde, wo Austernbänke gedeihen und Wassersportler ihren Spaß finden. Die Uferzonen sind bevorzugte Ruhe- und Nistplätze von Wasservögeln. Die gesamte Oosterschelde ist seit 2002 als Nationalpark geschützt.

Die Glanzleistung der Ingenieure ist auch Thema der Ausstellung **Delta Expo** auf der Insel **Neeltje Jans** 13 [B11], einem Teil des Oosterscheldedams.
- Faelweg 5
  4354 RB Vrouwenpolder
  Tel. 01 11/65 56 55
  www.neeltjejans.nl
  Juli/Aug. tgl. 10–17.30, sonst bis 17 Uhr; im Winter eingeschränkt

ren, hinter dessen schlichter Fassade (1767) sich drei nebeneinanderliegende Häuser verbergen. Durch diesen Kunstgriff ermöglichte der Baumeister der Prinzenfamilie die gemeinsame Nutzung der Gebäude. In der einstigen Fleischhalle zeigt **Breda's Museum** eine Sammlung zur Stadtgeschichte (Chassépark Breda, Parade 12, Di-So 11.30-17 Uhr, www.breda-museum.org).

Eltern sollten ausreichend Geld und Zeit für den Besuch des nahen Freizeitparks **De Efteling** mit seinem Märchen-Elfen-Abenteuerangebot einplanen › S. 26.

Info
VVV
- Willemstraat 17
  4811 AJ Breda
  Tel. 09 00/522 24 44
  www.vvvbreda.nl

Hotel
Stadshotel De Klok €€
Familiär geführtes Mittelklassehotel, viele Zimmer mit Blick auf den Markt und Restaurant im Kolonialstil.
- Grote Markt 26 | Breda
  Tel. 076/521 40 82
  www.hotel-de-klok.nl

Restaurants
Wolfslaar €€-€€€
Michelinbesterntes Gourmetrestaurant in einem alten Kutschhaus mit raffinierter Küche, darunter Muscheln in Safran-Bouillabaisse. Gute Weinkarte.
- Wolfslaardreef 100-102 | Breda
  Tel. 076/560 80 00
  www.wolfslaar.com
  Sa mittags und So geschl.

Grand Café Heeren van Oranje €€
Stilvolles Café mit nostalgischer Atmosphäre und schöner Terrasse.
- Burgemeester Kerstenslaan 20
  Breda
  Tel. 076/561 36 73
  www.mastbosch.nl

Dordrecht 15 [E10]

Die 1220 erstmals erwähnte, einst reiche Handelsstadt (118 000 Einw.) verlor ihre wirtschaftliche Bedeutung im 18. Jh. an Antwerpen und Rotterdam. Im Zentrum, wo Merwede, Noord und Oude Maas zusammentreffen, liegt einer der schönsten **Flusskais** des Landes, den besten Blick darauf bietet der Groothoofdspoort.

Giebelhäuser, schmucke Hofjes und die **Lieve Vrouwekerk** (Lange Geldersekade 2) prägen den Ort. Das liebevoll gestaltete **Simon-van-Gijn-Museum** zeigt Dokumente zur Stadtgeschichte, kunstgewerbliche Exponate und historisches Spielzeug (Nieuwe Haven 29-30, Di-So 11 bis 17 Uhr, www.simonvangijn.nl).

Der nahe Naturpark Hollandse Biesbosch ist ein wertvoller Lebensraum für unzählige Vogelarten und das Trinkwasserreservoir für Rotterdam. Im Infozentrum (Baanhoekweg 53) kann man u. a. Fahrräder und Kanus leihen.

Info
VVV
- Spuiboulevard 99
  3311 GN Dordrecht
  Tel. 09 00/463 68 88
  www.vvvzhz.nl

Karte S. 80

Kinderdijk, Gouda **Badeküste**

Hotel
Villa Augustus €€
Originelles neues Hotel im alten Wasserturm und im benachbarten Künstlertreff De Groothoofd mit idyllischem Gemüsegarten und viel gelobtem Restaurant.
- Oranjelaan 7 | Dordrecht
  Tel. 078/639 31 11
  www.villa-augustus.nl

Restaurant
Knollen & Citroenen €€
Köstliche altflämische und altniederländische Gerichte, freundlich serviert in einer Wirtsstube aus dem 17. Jh.
- Groenmarkt 8 | Dordrecht
  Tel. 078/614 05 00
  www.knollen-citroenen.nl
  Mo/Di Ruhetag.

Gorinchem 16 [F10]

Am alten **Lingehafen** zeigt sich das 27 km nordöstlich von Dordrecht gelegene Handelsstädtchen von seiner schönsten Seite: Die Wallmühlen auf der Bastion, der 62 m hohe **Sint Janstoren** mit dem originellen Knick und die Renaissancefassaden verführen nicht nur Freizeitkapitäne zu einem Landgang.

Kinderdijk 17 ★ [E10]

Zu den typischsten Sehenswürdigkeiten der Niederlande gehören sicher die 19 Windmühlen 17 km südöstlich von Rotterdam. Der um 1740 erbaute größte Mühlenkomplex der Welt, ein UNESCO-Weltkulturerbe, sorgte früher für die Trockenlegung der umliegenden Polder. Die Mühlen sind im Originalzustand erhalten. Zwei Mühlen, Nederwaard und Blokweer, sind als Museen eingerichtet und informieren wie das Besucherzentrum in der Pumpstation Wisboom über die Geschichte des Komplexes (Mitte März–Okt. tgl. 9–17.30, Mitte Febr.–Mitte März und Nov./Dez. tgl. 11–16 Uhr, Tel. 078/691 23 26, www.kinderdijk.nl, Tickets auch online). Zudem ist Kinderdijk ein Naturschutzgebiet, das man per Rad oder Boot erkunden kann.

Gouda 18 [E9]

Als dritte Käsestadt neben Alkmaar › **S. 107** und Edam › **S. 111** lockt auch Gouda (71 000 Einw.) mit einem touristisch geprägten **Kaasmarkt** (im Sommer jeweils Do Vormittag) vor der **Stadswaag**, die ein elegantes Beispiel niederländischer Renaissance ist. Am Marktplatz steht das gotische **Stadhuis** mit seiner feingliedrigen Fassade, und an sonnigen Tagen leuchten in der **St. Janskerk** filigrane Glasfenster mit weltlichen und religiösen Motiven. Sie haben den Bildersturm von 1566 überstanden (Achter de Kerk 16, März–Okt. Mo–Sa 9–17, sonst 10 bis 16 Uhr, www.sintjan.com).

Im früheren Hospiz Het Catharina Hethuis hinter der Kirche zeigt das **Museum Gouda** interessante Exponate zur Stadtgeschichte (Achter de Kerk 14, Di–So 11–17 Uhr, www.museumgouda.nl).

In der Goudse Waag, der ehemaligen Stadtwaage, dokumentiert das **Kaas- en Ambachtenmuseum** die

Badeküste Gouda, Rotterdam

Vom Aussichtsturm Euromast blickt man weit über die Erasmusbrug und Rotterdam

Entwicklung Goudas im Zeichen der gelben Käseräder (Käse- und Handwerksmuseum, Markt 35, April–Okt. tgl. 10–17 Uhr, www.goudsewaag.nl). **50 Dinge** ㉟ › S. 16.

Info
VVV
- Markt 35 | 2801 JK Gouda
  Tel. 01 82/58 91 10
  www.welkomingouda.nl

Hotel
Keizerskroon €€
Familienhotel mit zwei Preiskategorien, die Budgetzimmer haben kein eigenes Bad. Reichhaltiges Frühstück.
- Keizersstraat 11–13 | Gouda
  Tel. 01 82/52 80 96
  www.hotelkeizerskroon.nl

Shopping
Lekker Gouds
Käsespezialitäten und viele andere nahrhafte Souvenirs.
- Hoogstraat 1 | Gouda
  www.lekker-gouds.nl

Rotterdam ⑲ ★ [D/E10]

Die Metropole an der Maas bietet nicht nur den größten Tiefseehafen Europas, die spektakulärste Architektur der Niederlande und eine bunte Bevölkerung von 1,2 Mio. Menschen, sondern eine Fülle an Sehenswürdigkeiten. Die zweitgrößte Stadt der Niederlande strahlt mehr Urbanität und Internationalität aus als Amsterdam und ist der Prototyp einer modernen europäischen Nachkriegsstadt. Alte Bausubstanz findet man nur im malerischen Viertel **Delfshaven**.

1238 erstmals erwähnt, erhielt Rotterdam im Jahr 1340 die Stadtrechte. Der Hafen entwickelte sich im 17. Jh. durch die florierende Tuchindustrie, für einen weiteren Schub sorgte die Industrialisierung im 19. Jh. Am 14. Mai 1940 zerstörten deutsche Bomben bei einem Luftangriff den Hafen und das Stadtzentrum fast vollständig, der Wiederaufbau dauerte Jahrzehnte.

Karte S. 80

Rotterdam Badeküste

Der etwa 100 km² umfassende Hafen ist einer der größten der Welt; eine Hafenrundfahrt mit Blick auf die Skyline am Maasboulevard gehört zum Pflichtprogramm eines Rotterdambesuchs.

Im Stadtzentrum weisen Wolkenkratzer den Weg: Am Bahnhof steht neben dem Hochhaus **Delftse Poort** (Weena 505) mit seinen beiden 151 m hohen Türmen das rekonstruierte **Café de l'Unie** (Mauritsweg 34) als Musterbeispiel der De-Stijl-Architektur. Ein besonderer Blickfang ist die hufeisenförmige 2014 eröffnete **Markthal** (Grote Markt). Hinter den riesigen Glasfassaden befinden sich auf 11 Stockwerken Marktstände, Läden, Gaststätten, Parkplätze und Wohnungen. **50 Dinge** ㉒ › S. 14.

Am **Oude Haven** drängt sich ein einzigartiges Ensemble zeitgenössischer Architektur: Der avantgardistische **Kijk-Kubus,** eines der in den 1980er-Jahren von Piet Blom entworfenen »Schachtelhäuser«, kann besichtigt werden (Overblaak 70, tgl. 11–17 Uhr, www.kubuswoning.nl). Das nahe **Witte Huis** entstand als erstes Hochhaus Europas 1898 in reinem Jugendstil. Das exzentrische **Maritiem Museum Prins Hendrik** wurde nach Entwürfen des Niederländers Wim G. Quist in Form eines diagonal halbierten Quaders erbaut. Zu besichtigen sind u. a. 20 Schiffe (Leuvehaven 1, Di–Sa 10–17, So 11–17 Uhr, www.mmph.nl).

Kunst in großer Vielfalt lockt im Museumpark. Das **Museum Boijmans van Beuningen** zeigt Gemälde altniederländischer Meister, etwa Hieronymus Bosch und Pieter Breughel d. Ä., von Impressionisten und Surrealisten (Museumpark 18, Di–So 11–17 Uhr, www.boijmans.nl). **50 Dinge** ㉜ › S. 15. Die **Kunsthal,** ein Frühwerk von Rem Koolhaas, bietet hochkarätige Ausstellungen und ein Café mit tollem Parkblick (Westzeedijk 341, Di–Sa 10–17, So 11–17 Uhr, www.kunsthal.nl).

Weithin sichtbar erhebt sich der Aussichtsturm **Euromast** im Rotterdamer Park. Von der Plattform in 185 m Höhe reicht der Blick bei gutem Wetter bis zur Maasmündung (Parkhaven 20, tgl. 10–23 Uhr, www.euromast.nl).

Nicht weit vom Park finden große und kleine Entdecker im **Wereldmuseum** spannende völkerkundliche Exponate (Willemskade 25, www.wereldmuseum.nl, Di–So 10.30–17.30 Uhr).

Der **Kop van Zuid,** der Kopf von Süd-Rotterdam, ist das neueste Betätigungsfeld innovativer Stadtplaner: Seit 1993 entsteht hier ein Viertel mit aufregenden Wolkenkratzern wie dem **Toren op Zuid,** dem **Montevideo** und dem **World Port Centre.** In der **Villa Zebra** werden kleine Besucher unter kundiger Anleitung zu Künstlern (Stieltjesstraat 21, Di–So 12–17 Uhr, www.villazebra.nl). Die zackig-schwungvolle **Erasmusbrug,** eine Schrägseilbrücke mit 139 m hohem, strahlend weißem Pylon, verbindet den Kop van Zuid mit dem Stadtzentrum. Besonders schön ist ein abendlicher Spaziergang, wenn die modernen Glaspaläste und die Erasmusbrug bunt erleuchtet sind.

Info
VVV
- Coolsingel 5
  3012 AA Rotterdam
  Tel. 010/790 01 85
  www.rotterdam.info

Verkehr
Spido Rondvaarten
Hafenrundfahrten
- Wilhelmsplein (Anleger)
  Rotterdam | Tel. 010/275 99 89
  www.spido.nl

Hotels
H2OTEL €€
Im alten Hafenbecken vertäutes Pontonhotel im klassisch-maritimen Design, mit attraktiven Wochenendarrangements und spaßigen Picknickbooten für Hafenrundfahrten.
- Wijnhaven 20a | Rotterdam
  Tel. 010/444 56 90 | www.h2otel.nl

Emma €€
Modernes kleines Mittelklassehotel mit freundlicher Atmosphäre.
- Nieuwe Binnenweg 6 | Rotterdam
  Tel. 010/436 55 33
  www.hotelemma.nl

Restaurants
Parkheuvel €€€

! Eigenwillig, selbstbewusst und unendlich kreativ hält Erik de Loo sein Gourmetrestaurant weiterhin in der nationalen Spitzenklasse.
- Heuvellaan 21 | Rotterdam
  Tel. 010/436 05 30
  www.parkheuvel.nl
  Sa mittags und So geschl.

Old Dutch €€
Gediegene Klassiker der holländischen Küche mit opulenten Portionen.
- Rochussenstraat 20 | Rotterdam
  Tel. 010/436 03 44
  www.olddutch.net
  Sa/So geschl.

Pannekoekenboot €€
Lecker und dazu noch sehenswert ist die abendliche Mini-Kreuzfahrt (20 Uhr) auf der Maas mit Pfannkuchenbuffet.
- Parkhaven | Rotterdam
  Tel. 010/436 72 95
  www.pannekoekenboot.nl

Shopping
Westelijk Handelsterrein
Das historische Lagerhaus mit mehr als 40 angesagten Geschäften und Lokalen

Imposant ist das Stadthuis in Delft

Karte S. 80

Delft **Badeküste**

ist eine Fundgrube für Fashionistas und Funshopper.
• Van Vollenhovenstr. 15 | Rotterdam

Nachtleben
Glitzernde Kostüme und lateinamerikanische Rhythmen begeistern am letzten Juliwochenende beim Sommerkarneval der karibischen und südamerikanischen Gemeinden fast 1 Mio. Besucher.
• www.zomercarnaval.nl

AHOY
In der Konzerthalle finden fast jeden Abend Konzerte, Ausstellungen und Events statt.
• Ahoyweg 10 | Rotterdam
Tel. 010/29 33 00
Reservierung: 09 00/235 24 69
www.ahoy.nl

Delft [20] [D9]

Als Residenzstadt des Hauses Oranien war das 1246 mit Stadtrechten ausgestattete Delft (100 000 Einw.) seit dem 16. Jh. ein Treffpunkt für Künstler, Händler und Adelige. »Delfter Blau« gilt als klassisches Porzellandesign aus den Niederlanden. Das Herz der »Stadt der Fayencen« schlägt zwischen dem Marktplatz und der Gracht Oude Delft. Giebelhäuser und historische Hofjes gruppieren sich um ehrwürdige Kirchen und nicht zuletzt den Prinsenhof, die Residenz der Oranier.

Im Chor der **Nieuwe Kerk** mit ihrem 109 m hohen Turm beeindruckt das monumentale Renaissancegrabmal von Willem von Oranien. Die Gruft mit den Gräbern des Königshauses ist nicht zugänglich, doch vom Turm erklingt ein schönes Carillion der Amsterdamer Glockengießerfamilie Hemony (Markt 80, http://oudeennieuwekerkdelft.nl, Mo–Sa 9–18 Uhr).

Im prachtvollen Gebäude der St.-Lukas-Gilde erläutert das **Vermeer Centrum**, wie der berühmte Maler auf unnachahmliche Weise Licht, Komposition und Farben kombinierte. Sieben von ihm hinterlassenen 34 Gemälden sind im Rijksmuseum Amsterdam › S. 53 und im Mauritshuis Den Haag › S. 97 zu bewundern (Voldersgracht 21, Tel. 015/213 85 88, www.vermeerdelft.nl, tgl. 10–17 Uhr).

Das **Stadhuis** im Stil der Renaissance wurde nach Plänen von Hendrik de Keyser am Marktplatz errichtet, der den gotischen Turm in gekonnter Manier integrierte.

Die **Oude Kerk,** älteste Pfarrkirche der Stadt (um 1250), dominiert die Straßen um die Oude Gracht. Ihr schiefer, 75 m hoher Turm, der sogenannte Oude Jan, gilt als Wahrzeichen von Delft (Geestkerkhof 25, http://oudeennieuwekerkdelft.nl, Mo–Sa 9–18 Uhr).

Der **Prinsenhof** [5], um 1400 als Kloster St. Agatha erbaut, war im Freiheitskampf unter Willem von Oranien das Zentrum des Widerstands gegen die Spanier und dient heute als Museum. Neben der Ausstellung zur Geschichte der Oranier, der Stadt und der Niederlande beeindruckt die reiche Sammlung von Delfter Porzellan (Sint Agathaplein 1, http://prinsenhof-delft.nl, Juni bis Mitte Aug. tgl., sonst Di–So 11 bis 17 Uhr). **50 Dinge** (31) › S. 15.

Badeküste Delft, Den Haag

Idyllisch wirken die Häuser an den langen, schmalen Grachten in Delft

Info
Toeristen Informatiepunt Delft
- Kerkstraat 3 | 2611 GX Delft
Tel. 015/215 40 51 | www.delft.nl

Hotels
Best Western Museumhotels €€€
Nobelhotel in zwölf Pack- und
Handelshäusern aus dem 17. Jh.
- Oude Delft 189 | Delft
Tel. 015/215 30 70
www.museumhotels.nl

Leeuwenbrug €€
Malerisches Haus an einer der
zentralen Grachten.
- Koornmarkt 16 | Delft
Tel. 015/214 77 41
www.leeuwenbrug.nl

Restaurant
De »V« €
Holländische Küche mit günstigen
Menüs, gemütliche Pontonterrasse,
gemischtes Publikum.
- Voorstraat 9 | Delft
Tel. 015/214 09 16

Shopping
In der **Koninklijke Porceleyne Fles**
lassen sich Keramikmaler bei ihrer Arbeit über die Schulter schauen.
- Rotterdamseweg 196 | Delft
Tel. 015/251 20 30
www.royaldelft.nl
April–Okt. tgl. 9–17, sonst Mo–Sa
9–17 Uhr, auch deutsche Führungen

Den Haag 21 [D9]

Die Hauptstadt (508 000 Einw.) der Provinz Zuid-Holland ist Sitz der niederländischen Regierung und des Internationalen Gerichtshofs. König Willem-Alexander hat hier seinen Arbeits- und Wohnpalast. Drastisch ist der Kontrast zwischen alter Bausubstanz und Bürohochhäusern, zwischen Renaissance und Postmoderne.

Im Ridderzaal des mittelalterlichen **Binnenhofs** (Führungen Mo–Sa 10–16 Uhr) eröffnet der König am ersten Dienstag im September die Sitzungsperiode des Parlaments.

Scheveningen **Badeküste**

Die königliche Gemäldegalerie **Mauritshuis**, eines der renommiertesten Museen des Landes, ging aus Sammlungen des Hauses Oranien hervor und besitzt Meisterwerke, u.a. von Hals, Holbein, Rubens, Rembrandt und Vermeer (Korte Vijverberg 8, Mo 13–18, Di/Mi, Fr bis So 10–18, Do 10–20 Uhr, www.mauritshuis.nl). **50 Dinge** ㉖ › **S. 15.**

Im **Haagse Gemeentemuseum** überwiegt moderne Malerei. Mit 50 Werken besitzt es die weltweit größte Piet-Mondriaan-Sammlung (Stadhouderslaan 41, Di–So 10 bis 17 Uhr, www.gemeentemuseum.nl).

Eines der wenigen bis heute erhaltenen Rundbilder ist das 14 m x 120 m große **Panorama Mesdag** mit einer Ansicht des Fischerdorfes Scheveningen im Jahr 1881 (Zeestraat 65, Mo–Sa 10–17, So 11 bis 17 Uhr, www.panorama-mesdag.nl). **50 Dinge** ㉔ › **S. 15.**

Alle Altersstufen begeistert die Miniaturstadt **Madurodam** › **S. 27.**

Info

VVV
- Spui 68 | 2511 BT Den Haag
  Tel. 070/361 88 88
  www.denhaag.com

Hotel

Petit €€
- Groot Hertoginnelaan 42 | Den Haag
  Tel. 070/346 55 00
  www.hotelpetit.nl

Restaurants

Saur €€
Seit 1928 Topadresse der Stadt für Meeresspezialitäten.
- Lange Voorhout 51 | Den Haag
  Tel. 070/361 70 70 | www.saur.nl

't Goude Hooft €€
Speisen auf der Terrasse der ältesten Herberge der Stadt; ideal auch für die nachmittägliche Kaffeepause.
- Dagelijkse Groenmarkt 13 | Den Haag
  Tel. 070/744 88 30
  www.tgoudehooft.nl

Nachtleben

Im **Nederlands Dans Theater** bieten drei erstklassige Ensembles die Werke weltbekannter Choreografen dar.
- Schedeldoekshaven 60 | Den Haag
  Tel. 070/880 01 00 | www.ndt.nl

Scheveningen
22 [D9]

Im renommiertesten Strandbad der holländischen Nordseeküste flanieren Besucher gern über die imposante Landungsbrücke. Besonders entspannt ist die etwa 20-minütige Anreise mit der Straßenbahn von Delft (Linie 1) oder Den Haag (Linie 11). **50 Dinge** ⑯ › **S. 13.**

Mittelpunkt des Ortes ist das **Kurhaus** am Gevers Deynootplein, ein um 1900 erbauter Jugendstilpalast mit sehenswertem Interieur, der inzwischen als Luxushotel genutzt wird. Einen Besuch verdienen das Museum **Beelden aan Zee** mit seiner Skulpturensammlung (Harteveldstraat 1, Tel. 070/358 58 57, www.beeldenaanzee.nl, Di–So 10 bis 17 Uhr) sowie das interaktive **MuZEE Scheveningen**. Der Schwerpunkt der stadthistorischen Sammlung widmet sich

Badeküste Scheveningen

Karte S. 80

der Schifffahrt (Neptunusstraat 92, Di-Sa 10–17, So 12–17 Uhr, Tel. 070/350 08 30, www.muzee.nl).

Info
VVV
- Strandweg | 2586 BX Scheveningen
  Tel. 09 00/3 40 35 05
  www.scheveningen.nl

! Erst-klassig

Nostalgische Strandbäder

- **Domburg,** das traditionsreiche, lebhafte Seebad in Zeeland, war früher wegen des besonderen Lichts bei Künstlern als Sommerfrische beliebt, heute genießen viele Familien Sand, Sonne und Pfannkuchen. › **S. 87**
- Mondän und international gibt sich **Scheveningen,** das Seebad mit dem königlichen Kurhaus und der beeindruckenden Landungsbrücke vor den Toren Den Haags. › **S. 97**
- Stilvoll kann man auf dem Koningin Wilhelmina Boulevard in **Noordwijk** flanieren, für den 13 km langen Strandmarsch braucht man etwas mehr Kondition. › **S. 103**
- Deutsche Badegäste lieben **Zandvoort,** das nicht nur einen schönen Strand, sondern auch ein turbulentes Nachtleben bietet. › **S. 106**
- Beschaulich ruhig kann man in **Egmond aan Zee** Strandburgen bauen, in den Dünen wandern und die Nordseeluft genießen. › **S. 106**

Hotel
Kurhaus Steigenberger €€€
Mondäne Adresse und Luxus pur seit 1885 – das Flair alter Grandhotels mischt sich in diesem Haus mit modernstem Komfort. Natürlich darf ein stilvolles Spielkasino nicht fehlen.
- Gevers Deynootplein 30
  Scheveningen | Tel. 070/416 26 36
  www.kurhaus.nl

Restaurant
Kleyn Seinpost €€
Originelle und sättigende Pfannkuchenvariationen auf großer Terrasse mit Meerblick.
- Deltaplein 600 | Kijkduin
  Tel. 0 70/36 81 38

Leiden 23 [E8]

Die sehr lebhafte Universitätsstadt (121 000 Einw.) schmückt sich mit dem guten Ruf ihrer Institute ebenso wie mit prachtvoller Bausubstanz und humanistischer Tradition. 1266 erhielt Leiden die Stadtrechte, wurde 1575 von Willem von Oranien im Kampf gegen die spanische Besatzung erfolgreich unterstützt und entwickelte sich danach prächtig. Davon zeugen noch heute die noblen Wohnquartiere mit ihren Hofjes, die Zunfthäuser und die Kirchen. Aus Leiden stammten die Maler Lucas van Leyden, Jan Steen und Rembrandt van Rijn, hier lehrte u. a. der Philosoph René Descartes. Zudem erhielten Exkönigin Beatrix und König Willem-Alexander an der ältesten Universität der Niederlande in Leiden ihren akademischen Schliff.

Karte S. 99

Leiden **Badeküste**

Wichtigste Sehenswürdigkeit ist das **Stedelijk Museum** A in der Lakenhal, der Tuchhalle aus dem 17. Jh. Hier sind u. a. Gemälde zur Stadthistorie und eine kostbare kunsthandwerkliche Sammlung zu sehen (Di–Fr 10–17, Sa/So 12 bis 17 Uhr, www.lakenhal.nl).

Das **Stedelijk Molenmuseum** B in der historischen Getreidemühle De Valk (1743) zeigt, wie Windmühlen konstruiert sind, und informiert über die diversen Mühlentypen (Tweede Binnenvestgracht 1, Di–Sa 10–17, So 13–17 Uhr, http://molendevalk.leiden.nl).

Die **Waag** C am Aalmarkt ist ein schöner Renaissancebau niederländischer Prägung.

Die **Burcht** D (Burgsteeg 14), das älteste Gebäude der Stadt, lag ursprünglich auf einer Rheininsel. Die Ringmauer der Verteidigungsanlage wurde bereits im Jahr 1150 errichtet.

An der **St. Pieterskerk** E erinnert eine Inschrift an die Pilgerväter, die 1608 im toleranten Leiden Zuflucht fanden. Viele von ihnen wanderten schließlich 1620 nach Nordamerika aus (Kloksteeg 16, Mo–So 13.30 bis 16 Uhr).

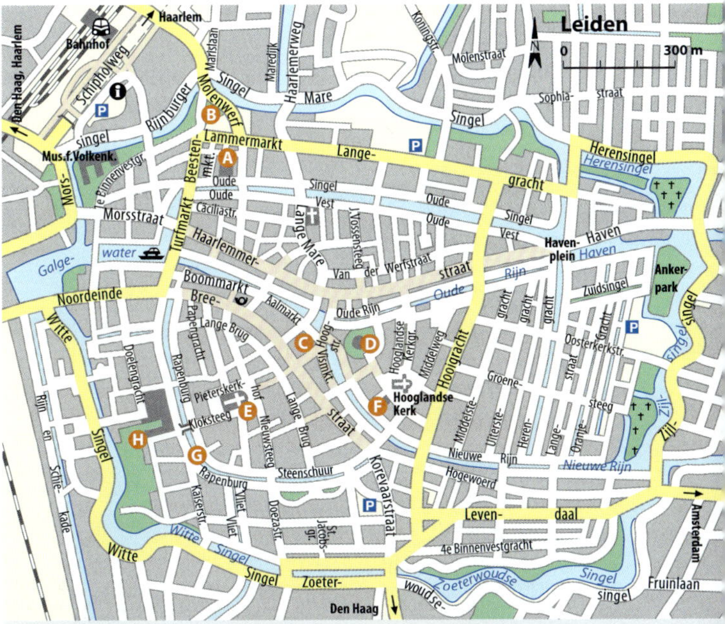

- A Stedelijk Museum
- B Stedelijk Molenmuseum
- C Waag
- D Burcht
- E St. Pieterskerk
- F Leiden American Pilgrim Museum
- G Rapenburg
- H Hortus Botanicus

Badeküste Leiden

Das **Leiden American Pilgrim Museum** ❻ bei der Hooglandse Kerk dokumentiert diese Geschehnisse (Mi–Sa 13–17 Uhr, www.leiden americanpilgrimmuseum.org).

An der **Gracht Rapenburg** ❼ ⭐ hat bereits seit dem 17. Jh. der Geldadel seine Wohnsitze. Die prächtigen Fassaden der Universität und der Gebäude an der Westseite, wie des Sieboldhuis (Rapenburg 19, Di bis So 10–17 Uhr, www.sieboldhuis. org), spiegeln den Wohlstand und Bürgerstolz ihrer Bauherren wider.

Der **Hortus Botanicus** ❽ gilt als der ❗ älteste botanische Garten weltweit. Der Arzt Charles de l'Ecluse, besser bekannt als Carolus Clusius, gestaltete ihn 1590 als Apothekergarten (April–Okt. tgl. 10–18, Nov.–März Di–So 10–16 Uhr, www. hortus.leidenuniv.nl).

Info

VVV Leiden
- Stationsweg 41 | 2312 AT Leiden
  Tel. 071/516 60 00
  www.vvvleiden.nl

Verkehr

Rederij Rembrandt
Grachtenrundfahrten März–Okt. tgl. um 11, 12, 13.30, 14.45 und 16 Uhr.
- Beestenmarkt | Leiden
  Tel. 071/513 49 38
  www.rederij-rembrandt.nl

Hotel

De Doelen €€
Hübsches klassisches Haus nahe der Pieterskerk mit Standard- und Deluxe-Zimmern sowie vielen Treppen.
- Rapenburg 2 | Leiden
  Tel. 071/512 05 27
  www.dedoelen.com

Leiden lohnt einen Stadtbummel

Tulpenträume und Blütenpracht

Was wären die Niederlande ohne Frühlingsblumen, vor allem ohne Tulpen? Die Pflanzen aus der Türkei, die der Botaniker Carolus Clusius 1593 erstmals in niederländischen Sandboden gesetzt hatte, lösten im 17. Jh. eine »Tulpomanie« in halb Europa aus. Spekulationen mit den exotischen Blumenzwiebeln brachten unter anderen den großen Maler Rembrandt um einen Großteil seines Vermögens. Heute sind die vielfarbigen Blüten und ihre Zwiebelknollen ein weltweiter Exporterfolg.

Immer wieder Keukenhof

Er ist der Klassiker im niederländischen Frühjahrstourismus: der Keukenhof bei Lisse. Seit mehr als 60 Jahren präsentieren die niederländischen Blumenzüchter in diesem riesigen Schaugarten ihre prächtigsten Pflanzen und aktuelle Trendsorten. Rund sieben Millionen Blumenzwiebeln – vor allem Tulpen, Narzissen, Hyazinthen, Iris, Lilien und Gladiolen – werden jedes Jahr von Hand gepflanzt und entfalten sich sukzessive zu einem Meer aus Farben. Zusätzlich zur meistfotografierten Augenweide des Landes bieten die Gartenexperten eine Fülle an Tipps und guten Ideen für die Gestaltung von Beeten, Gewächshäusern und Themengärten, während sich Kinder im Irr- und Skulpturengarten sowie auf einer großen Spielwiese austoben können › S. 103.

Adel verpflichtet

Eine perfekt arrangierte Blütenpracht verbirgt sich nicht selten hin-

SPECIAL Tulpen

ter hohen Mauern. Im **Kasteel De Haar** [F8] bei Utrecht beispielsweise steht das neugotische Schloss malerisch zwischen einem römischen, einem französischen und einem Rosengarten inmitten eines wildromantischen Landschaftsparks (Kastellaan 1, 3455 RR Haarzuilens, Tel. 030/677 85 15, Sommer tgl. 12 bis 17 Uhr, sonst kürzer).

Klassische Barockgärten umgeben dagegen das **Paleis Het Loo** bei Apeldoorn › S. 123 und das **Wasserschloss Weldam** [L8] (Diepenheimseweg 114, 7475 MN Markelo, Tel. 05 47/27 26 47, http://weldam.nl, Mo–Fr 9–16.30 Uhr).

Der Adelssitz **Huis Doorn** bei Utrecht, wo der deutsche Kaiser Wilhelm II. sein Exil verlebte, schmückt sich mit einem opulenten Rosarium › S. 130. Als schönster Blumenpark der Beneluxländer wird der Schlosspark von **Arcen** › S. 142 mit seinen fantastischen Farb- und Formkombinationen gerühmt, zu dem auch ein asiatisch inspirierter Garten und ein Gewächshaus mit mediterranen Pflanzen gehören.

Auf www.niederlande.de finden Sie weitere Hinweise zu attraktiven grünen Oasen.

Blumenbeete on tour

Unbestrittener Höhepunkt der niederländischen Tulpensaison ist der Ende April stattfindende **Bloemencorso Noordwijk–Haarlem**. Ungefähr eine Million Blüten hüllen dabei die fantasievoll geschmückten Prunkwagen auf ihrer 40 km langen Strecke vom Seebad Noordwijk nach Haarlem › S. 103 in ein farbenprächtiges, duftendes Kleid. Musikkapellen, hübsche Meisjes und fröhlichbunte Folkloregruppen begleiten diesen »schönsten Stau des Landes« (www.bloemencorso.info).

Tulpen aus erster Hand

Im **Tulpenpflückgarten** [J5], etwa 30 km westl. von Meppel, kann man sich von Mitte April bis Mitte Mai den schönsten Frühlingsstrauß aus bis zu 50 (!) Tulpensorten selbst zusammenstellen (Steenwijkerweg 26, 8316 RK Marknesse, www.tulpenpluktuin.nl).

Preisgünstig erhält man die neuesten Kreationen der Züchter beim **Blumenzwiebelmarkt,** der Mitte Oktober in den CNB-Hallen von Lisse stattfindet.

Info

VVV Lisse [E8]
- Grachtweg 53
  2161 HM Lisse
  Tel. 02 52/41 42 62
  www.vvvlisse.nl

Zum Schauen und Lesen

Das kleine Museum **De Zwarte Tulp** [B11] in Lisse erklärt mit viel Liebe zum Detail die Historie der Blumenzwiebelzucht sowie aktuelle Techniken und Trends der blühenden Wachstumsbranche (Grachtweg 2a, Di–So 13–17 Uhr, www.museumdezwartetulp.nl).

Zbigniew Herberts Buch **»Der Tulpen bitterer Duft«** (Insel TB 2014) bietet einen schön illustrierten Überblick über die unglaubliche Geschichte der Tulpen-Manie im 17. Jh.

Restaurant

Brasserie Annie's Verjaardag €
Urgemütlicher Ponton auf dem Wasser mit studentischem Publikum. Holländische Klassiker, aber auch Mediterranes.
- Hoogstr. 1a | Leiden
  Tel. 071/512 57 37 | www.annies.nu

Ausflüge von Leiden

Katwijk 24 [D8] und Noordwijk 25 [D8]

Diese beiden beliebten Strandbäder an der südholländischen Küste sind von Leiden aus in rund 30 Min. erreichbar. Weißer Sand und bunte Strandkörbe, stille Wanderwege und Badetrubel bestimmen das Bild in den ehemaligen Fischerdörfern. Über das Städtchen **Katwijk** wachen die solide weiße Sint Andreaskerk sowie der Leuchtturm.

Jedes Jahr Mitte April beginnt in der Fußgängerzone von **Noordwijk** der berühmte **Bloemencorso** › S. 102 mit seinen originell dekorieren Prunkwagen.

Keukenhof 26 ★ [E8]

Im Herzen des bekannten Schnittblumenanbaugebiets **Bollenstreek** nördlich von Leiden erlebt man im Frühjahr eine imposante Farborgie: auf dem weiten Gelände des Keukenhofs blühen dann Hyazinthen, Krokusse, Narzissen und Tulpen. Jedes Jahr werden dort über 7 Mio. Blumenzwiebeln mit der Hand gepflanzt! › **Special S. 101**

Mit einem Skulpturenpark, dem Tulpen-»Walk of Fame« und einem Souvenirladen ist der Schaugarten des »Küchenhofs« die größte und meistfotografierte Attraktion des Landes. Rund 800 000 Besucher werden in nur 8 Wochen gezählt (Stationsweg 166a, 2161 AM Lisse, Tel. 02 52/46 55 55, www.keukenhof.nl, Mitte März–Mitte Mai tgl. 8–19.30, Kasse bis 18 Uhr, Tickets auch online). **50 Dinge** (28) › S. 15

Haarlem 27 [E7]

Die schmucke Provinzhauptstadt (155 000 Einw.) von Noord-Holland ist älter als das nahe Amsterdam. Als Heimat der Grafen von Holland erhielt sie 1245 Stadtrechte, im 17. Jh. brachte der Tulpenhandel viel Geld in den Stadtsäckel. Heute sind die chemische Industrie und grafische Betriebe wichtige Arbeitgeber.

Haarlem empfängt seine Besucher am Stationsplein mit einem **Bahnhofsgebäude** Ⓐ im prunkenden Schick des Jugendstils.

Der historische Stadtkern rund um den **Grote Markt** wird von repräsentativen Bauwerken des ausgehenden Mittelalters und der Renaissance eingefasst. Das gotische **Raadhuis** Ⓑ mit zierlicher Renaissanceloggia unter dem Zinnenkranz steht genau an der Stelle, an der mit der Pfalz der Grafen die Geschichte der Stadt begann.

Die spätgotische Basilika **St. Bavokerk** Ⓒ mit ihrem 80 m hohen Turm ist das auffälligste Bauwerk der Stadt. Der Großteil der Innenausstattung, wie die Zedernholzdecke des Hauptschiffs, stammt aus der Zeit vor der Reformation. Berühmt ist die ❗ Orgel mit 500 Pfeifen (1738) von Christian Müller. Der Porträtmaler Frans Hals › **S. 105** fand in der Kirche seine letzte Ruhestätte (Mo–Sa 10–16 , Orgelkonzerte Mai–Okt. Di 20.15, Do 16 Uhr).

Nebenan, in den einstigen Zunfthäusern Vleeshal und Verweyhal, genannt **De Hallen** Ⓓ, wird Gegenwartskunst präsentiert (Di–Sa 11–17, So 12–17 Uhr, www.dehallen.nl).

Das älteste Museum des Landes gründete 1778 der Tuchhändler Pierre Teyler von der Hulst: **Teylers Museum** Ⓔ präsentiert 2000 Zeichnungen aus der Sammlung der Königin Christine von Schweden mit bedeutenden Werken von Goltzius, Michelangelo, Raffael. Arbeiten der Haager Schule sowie eine eindrucksvolle Sammlung niederländischer Meister – auch Rembrandt – begeistert nicht nur Kunstkenner (Di–Sa 10–17, So 12–17 Uhr, www.teylersmuseum.nl).

Der größte Kunstschatz der Stadt, ein Zyklus von acht Schützen- und Regentenporträts aus dem frühen 17. Jh., ist im **Frans-Hals-Museum** Ⓕ zu sehen, ebenso Werke von

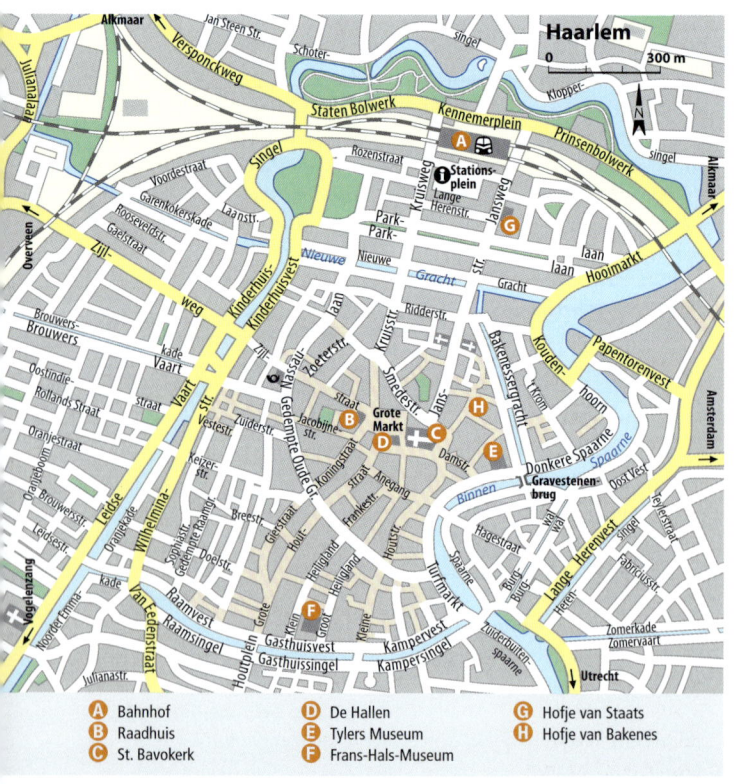

Ⓐ Bahnhof
Ⓑ Raadhuis
Ⓒ St. Bavokerk
Ⓓ De Hallen
Ⓔ Tylers Museum
Ⓕ Frans-Hals-Museum
Ⓖ Hofje van Staats
Ⓗ Hofje van Bakenes

Jan van Scorel, Maarten van Heemskerck und Jacob van Ruysdael (Di bis Sa 11–17, So 12–17 Uhr, www.franshalsmuseum.com).

Neben Leiden ist Haarlem die Stadt der Hofjes. Die historischen Wohnhöfe sind Oasen der Stille, wie das **Hofje van Staats** G am Jansweg oder das **Hofje van Bakenes** H in der Nähe des Marktplatzes.

Bei einer Bootsfahrt auf den Kanälen gewinnt man schöne Einblicke in das Leben in der altholländischen Stadt. Boote legen an der Spaarne nahe Teylers Museum ab.

Das Frans-Hals-Museum präsentiert kunstvolle Porträts des Meisters

Info
VVV
- Grote Markt 2 | 2011 RD Haarlem
  Tel. 023/531 73 25 | www.haarlem.nl

Hotel
Carlton Square Hotel €€–€€€
Großes Hotel im Zentrum. Zimmer in drei Kategorien. Shuttlebus zum Airport.
- Baan 7 | Haarlem | Tel. 023/531 90 91
  www.carlton.nl/square

Restaurants
Ratatouille Food & Wine €€
Die französische Küche der Brasserie erhielt 2015 einen Michelinstern.
- Lange Veerstraat 11 | Haarlem
  Tel. 023/542 72 70
  www.ratatouillefoodandwine.nl
  So/Mo geschl.

Grand Café Nobel €–€€
Das Lokal in der prächtigen Kornbörse verdient seinen Namen.
- Spaarne 36 | Haarlem
  Tel. 023/532 70 34
  www.brasserienobel.nl

SEITENBLICK

Haarlem und seine Maler
Die Schützen- und Regentenstücke des Antwerpeners Frans Hals (1580 bis 1666), der mit dem Eintritt in die Haarlemer Lukasgilde 1610 seine erfolgreiche Laufbahn als Maler begann, machten ihn quasi über Nacht weit über die Stadtgrenzen hinaus bekannt. Seine scharfe Beobachtungsgabe ließ ihn schon zu Lebzeiten zu einem der wichtigsten europäischen Porträtmaler werden.
Zuvor hatten bereits zwei andere Künstler den guten Ruf der Stadt begründet: Jan van Scorel sowie sein Lehrling Maarten van Heemskerck in der ersten Hälfte des 16. Jhs. Van Gogh zeigte sich noch Jahrhunderte später von der Hals'schen Malweise beeindruckt. Zu den begabtesten Hals-Schülern zählte übrigens eine Frau: Judith Leyster (17. Jh.) schaffte es, den Stil des Meisters perfekt nachzuahmen.

Badeküste Haarlem, Seebäder

Karte S. 104

Hofje Zonder Zorgen €
Leckere Broodjes, Salate und Suppen.
• Grote Houtstraat 142A | Haarlem
Tel. 023/531 06 07
www.hofjezonderzorgen.nl
abends geschl.

Seebäder

Der einstige Fischerort **Zandvoort** 28 [E7] hat sich zum vornehmen, viel besuchten Seebad mit Spielkasino entwickelt. Die Amsterdamse Waterleidingsduinen sind das Trinkwasserreservoir der Metropole (Haupteingang: Aerdenhout, Vogelenzangseweg). Diese wie auch die imposanten Sandwellen der Kennemerduinen sind ein ideales Revier für Radfahrer und Spaziergänger. Die mittelalterliche Burgruine Brederode wird immer wieder vom Sand verweht.

Der **Nationalpark Zuid-Kennemerland** 29 [E7] zwischen Zandvoort und IJmuiden ist ein wichtiges Erholungsgebiet für den Großraum Amsterdam. Die vorherrschenden Parabeldünen wurden zum geologischen Denkmal erklärt. In den Infozentren am Parkrand erfährt man Interessantes über den Wasserhaushalt, die Biodiversität und frühere Nutzung der Region (ww.npzk.nl).

Im Norden zieht sich die einzigartige Dünenlandschaft des **Noordhollands Duinreservaat** 9 [E6/7] bis nach Bergen. Das ausgedehnte Naturschutzgebiet ist nur gegen Eintritt zugänglich (Ticketautomaten). Auf Spaziergängen oder Fahrradtouren lassen sich viele Vogelarten beobachten.

Nördlich des Nordzeekanals reihen sich ehrwürdige Seebäder, von Alleen durchzogene Villengegenden und fröhlich-bunte Freizeitareale an der Küste auf: **Wijk aan Zee** 30 [E7], einst ein bescheidenes Fischerdorf, darf sich des breitesten Strandes der niederländischen Küste rühmen.

Egmond aan Zee 31 [E6] schmiegt sich samt weißem Leuchtturm in eine idyllische Dünenlandschaft und hat neben dem vollen Programm für Badeurlauber auch ein kleines Heimatmuseum in der Dorfkirche zu bieten. Draußen im Meer drehen sich die Rotoren eines großen Offshore-Windparks.

Kontrastreich präsentiert sich dagegen das Städtchen **Bergen** 32 [E6] als mondänes Strandbad in Bergen aan Zee und mit gepflegten Villenvierteln im Ortsteil Bergen-Binnen. Familien lieben das große Aquarium (Van der Wijckplein 16, www.zeeaquarium.nl, tgl. 10–18, Okt.–März 10–17 Uhr).

Hotel
Zee Bergen €€
Modernes Haus in ruhiger Waldlage und Dünennähe. Freundliche, helle Zimmer.
• Wilhelminalaan 11
1861 LR Bergen-Binnen
Tel. 072/589 72 41
www.zeebergen.nl

Restaurant
Fabels €
Gemütliches Eetcafé mit landestypischer Küche in der Ortsmitte.
• Oude Prinsweg 9 | Bergen-Binnen
Tel. 072/581 40 03
www.fabels-bergen.nl

Seebäder, Alkmaar **Badeküste**

Von der Klappbrücke blickt man hinüber zur alten Alkmaarer Waage mit dem Käsemuseum

Shopping

Über 20 Hallen voller Kitsch, Kunst, Antiquitäten, Lebensmittel und Kleidung vereint **Beverwijkse Bazaar [E7]**, der größte Markt Europas bei Wijk aan Zee.

- Montageweg 35 | Beverwijk
  www.debazaar.nl
  Sa/So 8.30–18 Uhr

Alkmaar 33 ⭐ [E6]

Viele Besucher kommen nur wegen des ❗ bereits im Jahr 1365 erwähnten Käsemarktes (April–Sept. Fr 10 bis 12.30 Uhr) in die Stadt (94 000 Einw.), doch verdienen auch die Gassen und Grachten abseits des Marktplatzes eine Visite, immerhin sind im Stadtkern über 400 historische Gebäude erhalten.

Die Waage (1582) war eine Kapelle, die für das Wiegen der Käselaibe umgebaut wurde. Auf dem hohen Turm setzt sich zu jeder vollen Stunde ein mechanisches Ritterturnier in Bewegung, samstagmittags und an Markt-Vormittagen erklingt ein Glockenspiel. Heute erläutert in dem schmucken Bau **Hollands Kaasmuseum** den Herstellungsprozess (Waagplein 2, April bis Okt. Mo–Sa 10–16 Uhr, www.kaasmuseum.nl).

Am westlichen Ende der Altstadt grüßt die **Grote Kerk,** die größte spätgotische Kirche der Region, auf deren berühmter Schwalbenorgel (16. Jh.) manchmal Konzerte gespielt werden. Sehenswert ist das **Hofje van Splinter** (Ritsevoort 2); mit seinem hölzernen Tonnengewölbe und der alten Pflasterung ist es eines der ältesten seiner Art.

Gar nicht museal geht es im **Nationaal Biermuseum** zu: Nach dem Rundgang durch Schrotmühle, Labor und Böttcherei stehen in der Probierstube 80 Biersorten zur Wahl (Houttil 1, www.biermuseum.nl, Mai–Aug. Mo–Sa 10.30–16.30, sonst Mo–Sa 13–16 Uhr).

Info

VVV

- Waagplein 2
  1811 JP Alkmaar

Tel. 072/511 42 84
www.vvvalkmaar.nl

Verkehr
Grachtenrundfahrten ab Mient (bei der Waage) Mai–Aug. tgl. ab 11 Uhr jede volle Std., April, Sept./Okt. nur Mo–Sa.
- www.rondvaartalkmaar.nl

Hotel
Golden Tulip Alkmaar €€
Verkehrsgünstig am Rand der Altstadt gelegen, modern und geschmackvoll, Sauna, Fitnessraum; gutes Frühstücksbuffet.
- Arcadialaan 6 | Alkmaar
  Tel. 072/540 14 14
  www.hotelalkmaar.nl

Den Helder 34 [E4]

Die Hafenstadt (57 000 Einw.) am Kop van Holland ist Ankerplatz der königlichen Marine und zugleich auch Sitz der Kadettenanstalt, der Reichswerft und Fährhafen für die Watteninsel Texel › **S. 73**. Auf dem Areal des Forts Kijkduin aus dem 18. Jh. befindet sich u. a. das tolle **Zeeaquarium**, in dem Lexigalstunnel durch die Lebensräume der Ozeane führen (Admiral Verhuellplein 1, Tel. 02 23/61 23 66, www.fortkijkduin.nl, April–Okt. tgl. 10 bis 18, sonst 11–17 Uhr).

Afsluitdijk 35 [F4–G3]

Der 1932 eröffnete, 32 km lange, windumtoste Abschlussdeich des IJsselmeeres wehrt Sturmfluten ab und hilft, den Wasserstand im Poldergebiet zu regulieren. Ungefähr 5 km vor der Abfahrt in Friesland erhebt sich ein Aussichtsturm, der einen weiten Panoramablick über die raue See und das technische Meisterwerk bietet.

Medemblik 36 [F5]

Schon 1289 erhielt das idyllische **Medemblik** die Stadtrechte und stieg zur Hauptstadt Westfrieslands auf. Hübsche Giebelhäuser säumen den alten Hafen mit heiterer Atmosphäre. Familien besuchen Medemblik wegen seines imposanten, von Wassergräben umgebenen Kasteel Raboud, das lange nördlichster Verteidigungspunkt Westfrieslands war. An den Sommerwochenenden finden oft historische Events an der Burg statt (Oudevaartsgat 8, Mai bis 15. Sept. Mo-Sa 11-17, So 14 bis 17 Uhr, sonst nur So 14–17 Uhr, www.kasteelradboud.nl).

Twisk 37 [F5]

Wenige Kilometer südlich von Medemblik liegt das malerische Dorf **Twisk**. Dort sorgte der Denkmalschutz für die Restaurierung einer Kirche (14. Jh.), mehrerer Bauernhöfe und würdevoller Herrenhäuser mit ihren geschnitzten Eingangstüren und zierlichen Kaminen.

Enkhuizen 38 [G5]

Pittoresk liegt die Kleinstadt (18 000 Einw.) inmitten riesiger Blumenfelder auf einer Halbinsel im IJsselmeer. Die gut erhaltene Bausubstanz im Ortskern zeugt vom Wohlstand im 17. Jh., als Han-

Karte S. 83

Enkhuizen **Badeküste**

del und Heringsfang enorme Summen einbrachten. An etlichen Backsteingiebelhäusern wird ihre zur Gasse geneigte Fassade verwundern: Einen halben Zentimeter je Höhenmeter neigen sich die Mauern nach vorn, denn wurden früher prall gefüllte Säcke mit duftenden Gewürzen aus Übersee am Takelbalken emporgezogen, stießen sie dank dieser Bauweise nicht an die Fassade! Sehenswert ist außerdem die **Gommaruskerk** (Westerstraat), eine gotische Hallenkirche aus dem 15. Jh. mit herrlichem Schnitzwerk am Lettner und einer großartigen Bibliothek.

Die stürmische Fahrt über die Deichtrasse durch das Markermeer hinüber nach Flevoland › **S. 126** ist nicht nur für Radler ein Erlebnis.

Kunst, Design, Mode, das kulturelle Erbe und immer wieder auch der Bezug zwischen Wasser und Land prägen die abwechslungsreichen Ausstellungen des **Zuiderzee-Museums** 10 in Enkhuizen. Auf dem parkähnlichen Freigelände bilden 135 alte Gebäude und historische Schiffe ein faszinierendes Ensemble. Wie die Exponate im angeschlossenen Binnenmuseum dokumentieren sie eindrucksvoll die Verwandlung der ehemaligen Nordseebucht der Zuiderzee in das heutige Binnengewässer namens IJsselmeer (Wierdijk 12–22, Tel. 02 28/35 11 11, www.zuiderzeemuseum.nl; Freilichtmuseum: April bis Okt. tgl. 10–17 Uhr, Binnenmuseum: tgl. 10–17 Uhr).

Info
VVV
- Tussen Twee Havens 1
  1601 EM Enkhuizen
  Tel. 02 28/31 31 64
  www.vvvenkhuizen.nl

SEITENBLICK

Schützende Dünen

Von Natur aus instabil und wandlungsfähig, aber dennoch beständig bilden die Sanddünen am Nordseestrand einen natürlichen Schutzwall für die von Erosion bedrohten Küstenstreifen: Wo steter Westwind bläst und die Wellen gegen den Strand schlagen, wurzeln zähe Pionierpflanzen auf den Vordünen. In der zweiten Reihe finden Sandregenpfeifer windgeschützte Nistplätze, wachsen Sanddorn und Stranddisteln. Weiter landeinwärts sind die offenen Dünen bereits mit Gestrüpp bewachsen – oder mit alten Villen bebaut. Dort bilden sich Süß- oder Brackwasserbecken sowie wichtige Biotope für die Küstenflora und Fauna. Als Landschaftsschützer grasen dort schottische Hochlandrinder.

Nicht nur in den Naturschutzgebieten der Kemmenerduinen und des Noordhollands Duinreservaat sowie in den Schoorlse Duinen bei Camperduin, wo mit 54 sandigen Metern die höchste Düne der Niederlande aufhäuft, und im Vogelschutzgebiet De Putten im Natuurreservaat Zwanenwater bei Callantsoog gelten strenge Schutzmaßnahmen. Fast überall müssen Erholungssuchende eine Eintrittskarte lösen, das Wegegebot beachten und ihre Hunde an die Leine nehmen.

Badeküste Enkhuizen, Hoorn

Aktivitäten

Segeltörns auf restaurierten traditionellen Flachkähnen samt Crew und Bordservice bietet die Firma **Naupar** an.

- Stationsplein 3
  Enkhuizen
  Tel. 088/252 50 00
  www.naupar.com

Hotel

Die Port van Cleve €€
Individuelles Familienhotel in einem historischen Gebäude von 1540.

- Dijk 74–76 | Enkhuizen
  Tel. 02 28/31 25 10
  www.dieportvancleveenkhuizen.nl

Restaurant

De Smederij €€
Bistro in ehemaliger Schmiede mit maritimer Note; auch vegetarische Gerichte.

- Breedstr. 158 | Enkhuizen
  Tel. 02 28/31 46 04
  www.restaurantdesmederij.nl
  Mi/Do geschl.

Hoorn 39 [F6]

Vor der Klinkerpracht der Lagerhäuser schaukeln am pittoresken Hoofdtoren die Masten der Jachten im Wind. Dank seiner geschützten Lage an der Zuiderzee konnte sich Hoorn (71 000 Einw.) vom 14. Jh. an zu einem wichtigen Umschlagplatz für den Überseehandel und den westfriesischen Fischfang entwickeln. Im 17. Jh. hatten hier sowohl die Ostindische als auch die Westindische und Nordische Compagnie ihren repräsentativen Sitz.

Ein wappengeschmücktes Giebelhaus (1632) gegenüber der Stadtwaage beherbergt das **Westfries Museum.** Die Historie Westfrieslands wie auch das Alltagsleben im Wandel der Zeiten wird anhand verschiedener Exponate wie Kleidung oder Haushaltsgerät erläutert (Rode Steen 1, www.westfriesmuseum.com, Di–Fr 11–17, Sa/So 13 bis 17 Uhr).

Info

VVV

- Veemarkt 4
  1621 JC Hoorn
  Tel. 02 29/21 83 43
  www.vvvhoorn.nl

Verkehr

Museumsbahn Hoorn – Medemblik

- Van Dedemstr. 8 | Hoorn
  Tel. 02 29/21 48 62
  www.museumstoomtram.nl/de
  Fahrten täglich von Juli bis August,
  April–Juni, Sept. Di–So

Hotels

Petit Nord €€
Zentrale Lage am Bahnhof, freundliche Atmosphäre; 34 moderne, gut ausgestattete Zimmer, auch für Familien.

- Kleine Noord 53–55 | Hoorn
  Tel. 02 29/21 27 50
  www.hotelpetitnord.nl

Controversy Tram Inn €€
❗ Originell ausgestattete Apartments in alten Trambahnwagen sowie ein extravagantes, sehr großes Apartment in einem Zug.

- Konigspade 36 | 1718 MP Hoogwoud
  (15 km nordwestl. von Hoorn)
  Tel. 02 26/35 26 93
  www.controversy.nl

Karte S. 83

Beemster Polder, Edam **Badeküste**

Restaurant

D'Oude Waegh €€

Das in der restaurierten Stadtwaage untergebrachte Café-Restaurant serviert niederländische Spezialitäten mit französischem Pfiff.

- Roode Steen 8 | Hoorn
  Tel. 02 29/21 51 95
  www.oudewaegh.nl

Beemster Polder

Die historischen Bauernhäuser und Windmühlen des 1612 trockengelegten Beemster Polder südlich von Hoorn zählen zum UNESCO-Weltkulturerbe. Schnurgerade alte Straßen führen durch üppig grünes Weideland. Besonders attraktiv ist **Middenbeemster** 40 [F6]: Die Dorfkirche aus dem Jahr 1623, ein Werk Hendrick de Keysers, besitzt eine wunderbare Orgel.

Edam 41 [F6]

Gelbe Käselaibe haben die Kleinstadt (7000 Einw.) weltberühmt gemacht, sie werden bis heute im Juli und August mittwochvormittags auf dem **Kaasmarkt** gehandelt.

Einen Besuch lohnt die **Kaaswaag** mit einer Ausstellung historischer Geräte rund um das Thema Käse (Jan Nieuwenhuizenplein 5, Tel. 02 99/37 28 42, April–Okt. 10 bis 17 Uhr).

Die gotische **Nicolaaskerk** (Grote Kerkstraat) zeichnen bleiverglaste Fenster aus dem 17. Jh. aus. Am **Speeltoren** lässt die Klangfülle eines der ältesten Glockenspiele des Landes aufhorchen.

! Erstklassig

Die schönsten Märkte

- Die buntesten Blüten des Landes verwandeln die Amsterdamer Singelgracht südlich des Muntplein jeden Tag in ein Farbenmeer. Der **Bloemmarkt** ist eine Institution, neben bunten Sträußen werden auch botanische Raritäten verkauft. › S. 56
- Multikulturell, laut und bunt präsentiert sich der **Albert-Cuyp-Straßenmarkt,** der täglich im Amsterdamer Viertel De Pijp stattfindet. › S. 56
- Beim **Workumer Viehmarkt,** der am vierten Mittwoch im September in der Nähe von Hindeloopen abgehalten wird, prüfen friesische Händler in Tracht die Qualität der gefleckten Milchkühe mit einem kräftigen Griff an die Euter. › S. 68
- Alles dreht sich um den Käse, wenn im Sommer freitags vor der historischen Waag in **Alkmaar** junge Männer die gelben Laibe über den Platz hieven und Meisjes in weißen Hauben mit Holzschuhen klappern. › S. 107
- Sechs Kilometer lang ist der antiquarische **Büchermarkt,** der am ersten Sonntag im August den Deventer IJsselboulevard schmückt. › S. 124
- Am **Koningsdag,** dem 30. April, bieten auf Freimärkten in vielen Orten vor allem Kinder ihre ausgemusterten Spielsachen und Flohmarktware an.

Badeküste Edam, Volendam, Marken

Karte S. 83

Auf der Insel Marken

Info
VVV
- Damplein 1 | 1135 BK Edam
Tel. 02 99/31 51 25
www.vvv-edam.nl

Hotel
De Fortuna €€
Malerischer Gebäudekomplex mit schnuckeligen Zimmern und Terrassengarten, der bei Sonne zur Kaffeerunde einlädt.
- Spuistraat 3 | Edam
Tel. 02 99/37 16 71
www.fortuna-edam.nl

Shopping
De Edamer Kaaswinkel
Niederländische Käsespezialitäten von butterzart bis vollreif-brösig findet man in diesem Laden.
- Spui 8 | Edam

Volendam 42 [E6]

Hollandidyll pur herrscht im ehemalige Fischerdorf. Vor allem an Feiertagen trägt man stolz die alte Tracht und lässt sich vor den bunten Holzhäuschen fotografieren. Originelle Wanddekoration kann man im **Sigarrenbandjeshuis** bewundern, wo angeblich 7 Mio. Zigarrenbanderolen die Tapeten ersetzen!

Marken 43 ⭐ [E7]

Die über einen 2 km langen Deich mit dem Festland verbundene Insel bietet ein Stück Holland aus dem Bilderbuch. Hier blieben Lebensgewohnheiten erhalten, die anderswo längst der Moderne zum Opfer gefallen waren. Als mit der Abtrennung der großen Bucht Zuiderzee von der Nordsee die Fischereierträge zurückgingen, forcierte man den Tourismus als neuen Wirtschaftszweig. Freundlich-nostalgisch wirken die malerischen grün-weißen Fischerhäuser, fotogene Holzbrücken und altholländische Trachten, die nicht nur im **Marker Museum** zu sehen sind (Kerkbuurt 44–47, www.markermuseum.nl, April–Okt. Mo bis Sa 10–17, So 12–16 Uhr).

Hotel / Restaurant
Hof Van Marken €€
Kuscheliges Hotel mit sieben pastellfarbenen Zimmern und gutem Restaurant.
- Buurt II 15 | Marken
Tel. 02 99/60 13 00
www.hofvanmarken.nl

Skulpturenpark des Kröller-Müller-Museums

DIE EINDRUCKS-VOLLE LANDES-MITTE

Kleine Inspiration

- **Den Skulpturenpark der Hoge Veluwe mit einem Witte Fiets,** einem weißen Fahrrad, erkunden › S. 123
- **Tierische Bekanntschaften mit den frechen Totenkopfäffchen** in Apenheul schließen › S. 123
- **Das traumhafte Panorama der Hansestadt Kampen** vom Nieuwe Toren genießen › S. 126

Die Landesmitte Tour 9 | 10

Die Provinzen Gelderland und Overijssel überraschen mit historischen Hansestädten, innovativen Museen, Attraktionen für Familien und dem größten Nationalpark der Niederlande.

Ob kunstsinnig, abenteuerlustig, naturverbunden oder einfach nur neugierig – die Provinzen Gelderland und Overijssel zwischen dem IJsselmeer im Nordwesten und dem breiten Tal der IJssel im Osten halten für alle Besucher etwas bereit.

In den schmucken, überschaubaren altehrwürdigen Hansestädten wie Deventer, Zwolle oder Kampen bewundert man herrschaftliche Fassaden und beeindruckende Kirchen, bummelt durch originelle Geschäfte und speist in stimmungsvollen Restaurants im Grachtenidyll. Die grüne Lunge des Landes, der Nationalpark Hoge Veluwe, ist für Natur- und Kulturfreunde gleichermaßen attraktiv. Rund um Arnheim und Apeldoorn locken familienfreundliche Ziele wie Burger's Zoo und der Affenpark Apenheul, aber auch das königliche Palais Het Loo mit seiner großartigen Parkanlage.

Auf Flevoland und auf dem Noordoostpolder schließlich, den erst seit den 1940er-Jahren systematisch trockengelegten Neuländern, faszinieren nicht nur eigenwillige Museen und zahlreiche Objekte grüner Landschaftskunst, sondern auch der reizvolle Kontrast zwischen charmanten historischen Relikten wie Schokland oder Urk und modernen städtebaulichen Experimenten mit Labyrinthcharakter.

Figuren schmücken die Fassade des gotischen Rathauses von Kampen

Karte S. 116   Tour 9: Hansestädte an der IJssel   **Die Landesmitte**

Touren in der Region

Hansestädte an der IJssel

Route: Doesburg › Bronckhorst › Zutphen › Deventer › Hattem › Zwolle › Hasselt › Kampen

Karte: Seite 116
Dauer: 4 Tage (ca. 120 km)
Praktische Hinweise:
- Gute Verbindungen mit öffentlichen Verkehrsmitteln, auch als gemütliche Fahrradtour möglich.

Tour-Start:

Stattliche Renditen garantierte im späten Mittelalter das Handelsbündnis der Hanse, dem sich auch sieben Städte an der IJssel angeschlossen hatten. **Doesburg** **7** › S. 121 war im 14. und 15. Jh. eine wohlhabende Stadt, heute erscheint sie eher als schnuckeliges Dorf.

Auch im denkmalgeschützten **Bronckhorst** **9** › S. 122, der kleinsten Stadt der Niederlande, scheint die Zeit stillzustehen, während sich **Zutphen** **8** › S. 121, die Stadt mit den vielen Türmen, innerhalb seiner historischen Wehranlagen inzwischen zu einem lebhaften Ausflugsziel entwickelt hat, in dem man gerne für eine Nacht sein Quartier nimmt. Das Museum Henriette Polak mit seiner beachtlichen Sammlung niederländischer Malerei und einer Geheimkirche ist einen Besuch wert, bevor man sich am nächsten Tag zur Weiterreise bereit macht.

Unübersehbar weist der Turm der Sint Lebuinskerk den Weg hinein in die alte Hansestadt **Deventer** **13** › S. 124. Ein Bummel durch das malerische Bergkwartier und auf dem IJsselboulevard schließt den zweiten Reisetag ab.

Am Morgen des dritten Tages lockt einer der bunten Märkte der Stadt, dann empfängt nach kurzer Fahrt **Hattem** **15** › S. 126 seine Gäste mit der nostalgischen Ruhe eines Städtchens aus dem 15. Jh. Dort lohnen das Nederlands Bakkerij Museum und das Anton-Pieck-Museum einen Besuch.

Zwolle **14** › S. 125 dagegen, Station für die dritte Nacht, vereint in seinem sternförmigen Grachtenring bedeutende historische Bauten wie die Onze-Lieve-Vrouwe-Basiliek mit originellen Geschäften und dem berühmten Zwolse Balletjeshuis.

Nach einem Abstecher ins reizvolle Festungsstädtchen **Hasselt** **16** › S. 126, am Zwarte Water folgt man der IJssel abwärts nach **Kampen** **17** › S. 126. Die stolze Hansestadt liegt traumhaft am Fluss, geschmückt von alten Toren und verwinkelten Gassen. An der Koggenwerft kann man zusehen, wie die traditionellen bauchigen Holzschiffe gebaut werden. In Kampen besteht Anschluss an die Tour »Überraschendes Flevoland«, eine Polderlandschaft, die erst im 20. Jh. dem IJsselmeer abgerungen wurde.

Die Landesmitte Tour 10: Überraschendes Flevoland

Überraschendes Flevoland

Route: Kampen › Almere › Lelystad › Urk › Schokland › Kampen

Karte: Seite 116
Dauer: 1 Tag (ca. 125 km)
Praktische Hinweise:
- Die Tour lässt sich sowohl mit dem Auto als auch mit dem Fahrrad unternehmen.
- Radfahrer sollten die meist schnurgeraden Straßen am Markermeer in Nord-Süd-Richtung befahren, um Gegenwind zu vermeiden.
- Der Nordosten von Almere ist bis auf Weiteres eine unübersichtliche Großbaustelle.

Tour-Start:

Von **Kampen** 17 › S. 126 aus lässt sich die Polderlandschaft Flevolands gut an einem Tag erkunden: Die erste Station ist **Almere** 21 › S. 128 im Südwesten mit seinem ungewöhnlichen Museum De Paviljoens und einigen Land-Art-Objekten in der näheren Umgebung.

Danach kann man seinen Orientierungssinn in den funktionalen Wohnsiedlungen von **Lelystad** 20 › S. 127 auf die Probe stellen. Eine Hilfe: Im Labyrinth der Klinkerbauten verweisen witzige Deatils auf ihre Bewohner und helfen bei der Suche nach dem richtigen Weg. Auf der nahen Bataviawerft entstehen Nachbauten historischer Schiffe.

Touren in der Landesmitte

Karte S. 116

Tour 9 | 10 **Die Landesmitte**

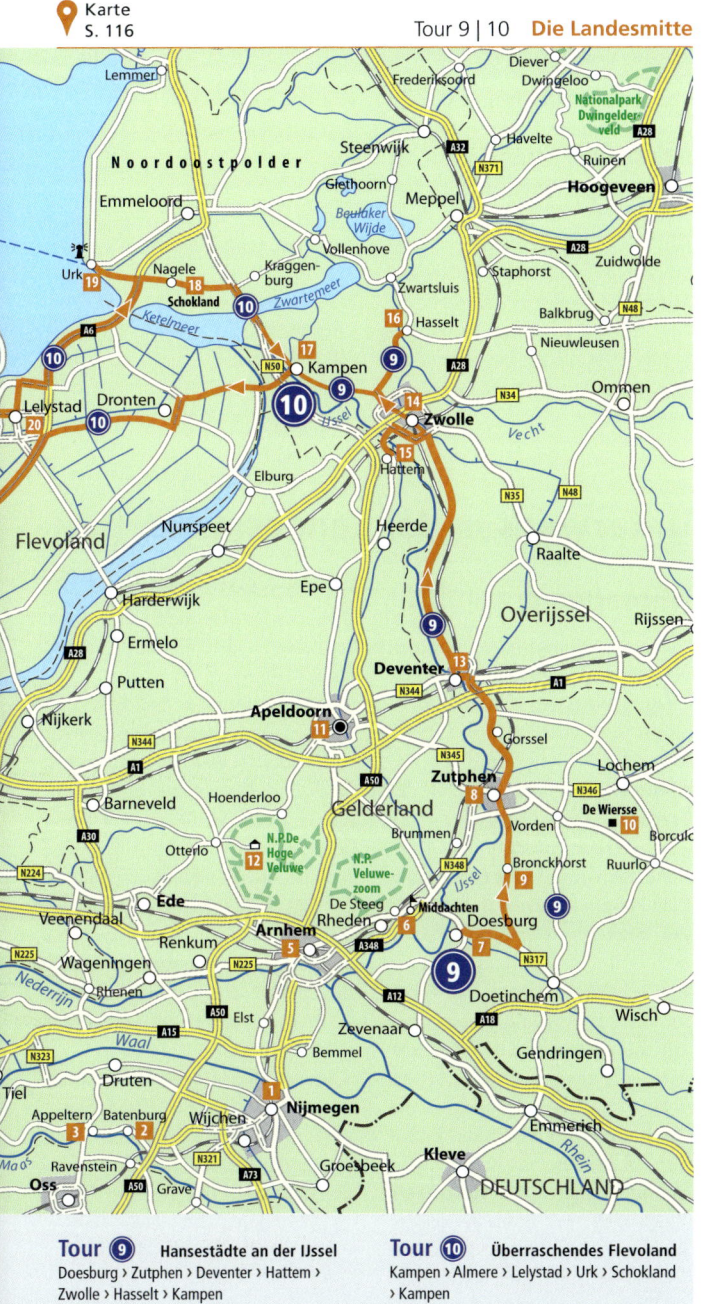

Tour 9 Hansestädte an der IJssel
Doesburg › Zutphen › Deventer › Hattem › Zwolle › Hasselt › Kampen

Tour 10 Überraschendes Flevoland
Kampen › Almere › Lelystad › Urk › Schokland › Kampen

Die Landesmitte Tour 10: Überraschendes Flevoland

Am Nachmittag lohnen sich ein Bummel durch die alte Hafenstadt **Urk** 19 › S. 127, das einst auf der gleichnamigen Insel lag, und eine Fahrt durch die Wiesen der ebenfalls trockengelegten früheren Insel **Schokland** 18 › S. 127. Im hiesigen Museum kann man sich über die Geschichte des heutigen Nordostpolder informieren, bevor man am Abend wieder nach Kampen zurückkehrt.

Wichtige Adressen
Overijssel Promotie [J9]
- Didamsestraat 10
  6901 HC Zevenaar
  Tel. 03 16/58 19 10
  www.overijsselpromotie.nl

Toerisme Flevoland [G6]
- Het Ravelijn 1
  8233 BR Lelystad
  Tel. 03 20/28 67 52
  www.ookflevoland.nl

Unterwegs in der Landesmitte

Nijmegen 1 [J10]

Das älteste Bauwerk der von den Batavern gegründeten und im Zweiten Weltkrieg schwer beschädigten Stadt (168 000 Einw.) ist die Ruine des Valkhofs. Einige der historischen Gebäude, darunter das **Raadhuis** (Korte Nieuwstraat 6), wurden rekonstruiert.

Auf dem dreieckigen **Grote Markt** steht in Bronze erstarrt das Mariken van Nijmegen. Der Überlieferung nach soll das Mädchen mit dem Teufel paktiert haben. Zur Strafe wurden ihm Fesseln aus Eisen angelegt, die gegen Ende der Bußzeit von selbst aufsprangen.

Das mächtige Doppeltor des Kerkboog gewährte früher Zutritt zum sakralen Bereich um die ökumenisch genutze **St. Stevenskerk** (1230–1560) mit ihren verspielten Turmspitzen. Dicht an die Kirche drängen sich die alten Kanonikerhäuser und die **Latijnse School** (St. Stevenskerkhof) aus dem 16. Jh., in deren Architektur sich Gotik und Renaissance auf eine harmonische Weise verflechten.

Das Ufer der Waal, des südlichen Mündungsarms des Rheins, begleitet die hübsche **Waalkade**. Mit ihren Cafés und Restaurants direkt am Wasser lockt sie Tagträumer und Genießer zum Verweilen ein. In einem der alten, sorgfältig restaurierten Hafenhäuser hat sich das **Nationaal Fietsmuseum Velorama** ★, eine originelle Ausstellung rund ums Fahrrad, einquartiert (Waalkade 107, Mo–Sa 10–17, So 11–17 Uhr, www.velorama.nl).

Südöstlich des Stadtzentrums, in **Berg en Dal**, beleuchtet das Afrikamuseum die kulturelle Vielfalt des schwarzen Kontinents, vor allem die Nachbauten traditioneller Hütten präsentieren sich reizvoll (Postweg 6, April–Okt. Mo–Fr 10–17, Sa/So 11–17 Uhr, Nov.–März Mo geschl., www.afrikamuseum.nl).

Nijmegen **Die Landesmitte**

Info
VVV
- Keizer Karelplein 32h
  6511 NH Nijmegen
  Tel. 09 00/112 23 44
  www.vvvnijmegen.nl

Hotel
Atlanta €€
Direkt am Grote Markt, helle Zimmer, familiäre Atmosphäre und schickes Grand Café im Erdgeschoss.
- Grote Markt 38–40 | Nijmegen
  Tel. 0 24/3 60 30 00
  www.atlanta-hotel.nl
  Extragebühr für Parkplatz.

Restaurants
De Schat €€
Elegante, französisch inspirierte Küche mit asiatischen Akzenten.
- Lage Markt 26
  Nijmegen
  Tel. 024/322 40 60
  www.deschat.nl
  Mi/Do geschl.

De Blauwe Hand €
Älteste Bar in Nijmegen von 1542.
- Achter de Hoofdwacht 3 | Nijmegen
  Tel. 024/360 61 67
  www.indeblaauwehand.nl

Ausflug von Nijmegen

Westlich von Nijmegen beginnt das **Gelders Rivierengebiet**. Tolle Ausblicke über diese flache Flusslandschaft bieten sich von den Deichkronen, die die Häuser vor den Fluten von Maas und Waal schützen.

Batenburg 2 [H10] erweist sich als sympathisches Städtchen mit weißen, reetgedeckten Häuschen. Das Gartendorf **Appeltern** 3 [H10] mit seinen liebevoll gepflegten Vorgärten ist eine wahre ländliche Farbexplosion, und in der rechtwinklig bebauten Oranierfestung **Buren** 4 [G10] hat »Buren & Oranje«, ein Museum über das nieder-

Nijmegens gute Stube: der Grote Markt

Die Landesmitte Arnhem

ländische Königsgeschlecht und seine verwandtschaftlichen Beziehungen nach Deutschland, Platz gefunden (Oude Raadhuis, Markt 1, Tel. 03 44/57 19 22, www.museum burenenoranje.nl, April–Okt. Mo bis Sa 10–16.30, sonst nur Di 10 bis 16.30 Uhr).

Arnhem 5 [J9]

Im 16. Jh. burgundisch und später unter spanischer Herrschaft, wurde die Hansestadt (150 000 Einw.) am Nederrijn 1672 von französischen Truppen Ludwigs XIV. okkupiert und 1813 von Preußen befreit. 1944 fielen fast alle historischen Bauwerke den Bomben zum Opfer. Nach alten Plänen wieder aufgebaut, besitzt die Provinzhauptstadt Gelderlands rund um den **Korenmarkt** wieder viel nostalgisches Flair.

Historische Bauernküche im Freilichtmuseum bei Arnhem

Sehenswert ist die **Grote Kerk**, deren Architektur Einflüsse niederrheinischer Spätgotik verrät. Die Turmbesteigung wird mit schönen Ausblicken belohnt (Kerkplein, Mai bis Sept. Di–Sa 10–17, So 12 bis 17 Uhr, sonst kürzer). Mit dem Thema Wasser befasst sich das **Nederlands Watermuseum** im Stadtpark Sonsbeek. Ein kleines Labor ermöglicht spannende Experimente, vor allem für Kinder (Zijpendaalseweg 26–28, Tel. 026/445 25 48, www.watermuseum.nl, Di–So 10–17 Uhr).

Einen ganzen Tag kann man in Burger's Zoo verbringen und die Lebensräume der Ozeane, der Regenwälder und der Wüsten samt ihrer Tierwelt erkunden › **S. 27**.

Das **Nederlands Openluchtmuseum**, ein wunderbares Freilichtmuseum, erinnert an die Traditionen und Gerätschaften der Landbevölkerung. Beim Rundgang – oder der Rundfahrt mit einer rumpelnden Straßenbahn – entdeckt man Bauernhöfe aus allen Landesteilen sowie einige interessante Mühlentypen wie etwa den in Friesland verbreiteten Tjasker. Das HollandRama am Eingang lädt zu einer multimedialen Reise in die Vergangenheit ein (Schelmseweg 89, Tel. 026/357 61 11, www.openluchtmuseum.nl, April–Okt. tgl. 10–17, sonst Sa/So 11 bis 16.30 Uhr).

Info
VVV
- Stationsplein 13
  6811 KG Arnhem
  Tel. 09 00/1 12 23 44
  www.vvvarnhem.nl

Karte S. 116

Zutphen **Die Landesmitte**

Hotels

NH Rijnhotel €€
Großer Neubau am Ijsselufer, perfekter Service, moderne Ausstattung, Panoramarestaurant und Fahrradverleih.
- Onderlangs 10 | Arnhem
  Tel. 026/443 46 42
  www.nh-hotels.com

Landgoed Groot Warnsborn €€
Romantischer ehemaliger Adelssitz mit nobel eingerichteten Zimmern (teils Kamin oder Terrasse), Wellnessbereich und edler Brasserie.
- Bakenbergseweg 277 | Arnhem
  Tel. 026/445 57 51
  www.grootwarnsborn.nl

Schloss Middachten 6 ⭐ [J9]

In **De Steeg,** ca. 15 km nordöstlich von Arnhem, liegt das Landgut Middachten. »Grüne Zimmer« wie der Teegarten oder ein prachtvoller Rosengarten reihen sich als Zeugnisse von 300 Jahren Gartenkultur um den imposanten Adelssitz. Im Sommer finden hier Konzerte und Veranstaltungen statt (Kasteel Middachten, 6994 JC De Steeg, Tel. 026/495 49 98, www.middachten.com, Gärten: 15.5.–15.9. So–Do 10–16.30, Schloss: Juli/Aug. So 13 bis 16 Uhr).

Doesburg 7 [J9]

Die idyllisch-verträumte ehemalige Hansestadt an der IJssel liegt mitten im fruchtbaren »Garten Gelderlands« mit seinen Mühlen und Gutshöfen. Würze ins Leben bringen die Kreationen der **Doesburgsche Mosterd- en Azijnfabriek,** die Senfsamen aus der Umgebung nach alten Rezepturen verarbeitet (Boekholtstraat 22–26, www.doesburgschemosterd.nl, Di–Fr 10–17, Sa 11–16 Uhr).

Hotel

't Doktershuus €
Geschmackvoll, originell und familiär geführtes B&B mit Garten und Terrasse.
- Veerpoortstraat 26
  6981 BN Doesburg
  Tel. 065/513 87 40
  www.doktershuus.nl

Zutphen 8 [K8]

Ein Spaziergang durch die Stadt mit den vielen alten Türmen führt zu Giebelhäusern aus der Zeit der Hanse am Markt, Hout- und Zaadmarkt. Elegante Portale lenken den Blick auf sich. Ein kunsthistorisches Juwel ist die **St. Walburgskerk** (12. Jh., Kerkhof) mit beeindruckenden Fresken und Chorkapellen, mittelalterlichem Kronleuchter und kupfernem Taufbecken (1527). Im ehemaligen Kapitelsaal der Kirche fand die **Librije,** eine einzigartige Bibliothek mit 400 Büchern, darunter 80 Inkunabeln, ihren Platz.

Sehenswert sind außerdem das **Stadhuis** in der Lange Hofstraat, der dahinterliegende gotische **Burgerzaal** (15. Jh.), ehemals Butter- und Fleischhalle, sowie das **Stedelijk Museum** im früheren Dominikanerkloster (Rozengracht 3, www.museazutphen.nl, Di–So 11–17 Uhr).

Die Landesmitte Zutphen, Apeldoorn

Im Affenpark Apenheul

Das **Museum Henriette Polak** bietet einen ausgewählten Überblick über niederländische Malerei des 20. Jh. (Zaandmarkt 88, www.museumhenriettepolak.nl, Di–So 11–17 Uhr).

Info
Toerisme Informatie Punt
Houtmarkt 75 | 7201KL Zutphen
Tel. 0575/844538
www.tipzutphen.nl

Hotel
s'Gravenhof €€
Schickes Hotel in einem Waisenhaus aus dem 17. Jh., an einem charmanten Altstadtplatz, mit Terrasse, Bar und dem Sternerestaurant 't Schulten Hues.
• s'Gravenhof 6 | Zutphen
Tel. 05 75/59 68 68
www.hampshire-hotels.com

Restaurants
Jan van de Krent €€
Saisonale Leckereien.
• Dijckmeesterweg 27 b | Zutphen
Tel. 05 75/51 92 71
www.janvandekrent.eu
Mo/Di geschl.

Wijnhuistoren €€
Drei originelle Restaurants mit orientalischem, italienischem bzw. spanischem Kneipen-Touch samt Kochschule und diversen Küchenevents unter einem Dach.
• Groenmarkt 40 | Zutphen
Tel. 05 75/54 97 33
www.wijnhuistoren.nl

Ausflug von Zutphen

Etwa 16 km südlich von Zutphen liegt **Bronckhorst** 9 [K8], die kleinste Stadt der Niederlande, mit mittelalterlichen Backsteinhäusern und zierlichen Staffelgiebeln. Im verwinkelten **Dickensmuseum** werden bekannte Romanmotive en miniature nachgestellt (Onderstr. 2, www.dickensmuseum.nl, April–Okt. tgl. 10–17, sonst Sa/So 10–17 Uhr).

Das Landgut **De Wiersse** 10 [K8] ist ! vor allem wegen der raffinierten Blütenkompositionen auf den Beeten und seines »wilden« Landschaftsgartens bekannt (7251 LH Vorden, Tel. 05 71/45 14 09, www.dewiersse.nl, April–Sept. Do und 1. Sa im Monat 10.30 Uhr Führung ohne Voranmeldung, außerdem an sieben bis acht ausgewählten Tagen im Jahr von 10–17 Uhr geöffnet).

Apeldoorn 11 [J8]

Einst ein Heidedorf, hat sich Apeldoorn zu einer bedeutenden Einkaufsstadt (157 000 Einw.) gemausert. Ihre bekannteste Attraktion ist jedoch die ehemalige Sommerresidenz der Oranier, ein prunkvoll ausgestattetes ❗ Schloss mit barocken Gartenanlagen, das zuletzt Königin Wilhelmina, der Großmutter von Königin Beatrix, als Altersruhesitz diente. Mittlerweile ist es als **Paleis Het Loo Nationaal Museum** in Staatsbesitz und Besuchern zugänglich (Koninklijk Park 1, Di–So 10 bis 17 Uhr, www.paleishetloo.nl).

Der Affenpark **Apenheul** ⭐ im Westen von Apeldoorn ist die Heimat von mehr als 30 zum Teil bedrohten Affenarten aus aller Welt. Im Park passiert es immer wieder, dass den Besuchern ein vorwitziges Totenkopfäffchen auf die Schulter springt oder nach der Brille greift. Am Eingang erhält man deshalb Tipps, wie man seine Habseligkeiten sicher verstaut. Im Freigehege dürfen Kinder bei den Fütterungen helfen – ein unvergessliches Erlebnis (J. C. Wilslaan 21–31, www.apenheul.nl, Juli/Aug. tgl. 10–18, April–Juni und Sept./Okt. tgl. 10 bis 17 Uhr).

Info
VVV
- Deventerstr. 18 | 7311 LS Apeldoorn
  Tel. 055/526 02 00
  www.vvvapeldoorn.nl

Hotels
De Keizerskroon €€€
Das Hotel nahe des Paleis Het Loo besticht mit edlem Ambiente und großen, geschmackvoll eingerichteten Zimmern. Der grandiose Wellnessbereich und das Restaurant mit internationaler Karte machen den Aufenthalt perfekt.
- Koningstraat 7 | Apeldoorn
  Tel. 055/521 77 44
  www.keizerskroon.nl

De Jonge Stee €€
Schöne Zimmer auf einem ehemaligen Bauernhof in Vierhouten, ideal für Besucher des Wellnessresorts Veluwse Bron.
- Plaggeweg 26 | Apeldoorn
  Tel. 05 77/41 02 24
  www.dejongestee.nl

Restaurant
Het Nieuws van Apeldoorn €€
Solide französisch-italienische Küche und schöne Terrasse, Livemusik.
- Leienplein 12 | Apeldoorn
  Tel. 055/5 22 05 66
  www.nieuwsvanapeldoorn.nl

Nationalpark De Hoge Veluwe
12 ⭐ [H8–J9]

Das mit 5500 ha größte Naturschutzgebiet der Niederlande fasziniert mit seinen unterschiedlichen Landschaftsräumen: Heidegebiete wechseln mit Wald- und Wasserflächen, wo die Besucher ebenso wie die 150 Vogelarten, Hirsche, Mufflons, Rehe und Wildschweine ungestört herumstreifen können. Eingänge befinden sich in Otterlo, Hoenderloo und Schaarsbergen.

Das originelle **Museonder** unter dem Besucherzentrum De Aanschouw erlaubt einen Blick unter den Heideboden (Houtkampweg 9c, Otterlo, www.hogeveluwe.nl, April bis Okt. tgl. 9.30–18, sonst bis 17 Uhr).

Inmitten des Parks begeistert das einzigartige **Rijksmuseum Kröller-Müller** mit insgesamt 87 Gemälden und 185 Papierarbeiten Vincent van Goghs. Dank der richtungsweisen-

Die Landesmitte Nationalpark De Hoge Veluwe, Deventer

den Museumsarchitektur bilden die Ausstellungssäle und der 11 ha große Skulpturenpark eine Einheit. Dort stehen über 100 Werke u. a. von Rodin, Serra und Moore (Houtkampweg 6, 6731 AW Otterlo, www.kmm.nl, Di–So 10–17 Uhr).

Verkehr
- De Hoge Veluwe ist autofrei; Besucher lassen ihr Fahrzeug an einem der Eingänge in Otterlo, Schaarsbergen oder Hoenderloo stehen und satteln auf eines der Witte Fietsen um. Die weißen Fahrräder stehen in allen Größen und kostenlos bereit, um das Gelände auf dem 42 km langen, gut ausgeschilderten Radwegenetz zu erkunden.

Hotel
Boutique Hotel Sterrenberg €€
In Signalrot gestyltes, modernes Hotel mit Restaurant und Wellnessbereich.
- Houtkampweg 1
  6731 AV Otterlo
  Tel. 03 18/59 12 28
  www.sterrenberg.nl

Restaurant
't Pannekoekhuis Hoenderloo €
Preiswerte fantasievolle Pfannkuchen.
- Krimweg 93
  Hoenderloo
  Tel. 055/378 12 05
  www.pannekoekhuishoenderloo.nl
  Di geschl.

Deventer 13 [J7/8]

Schon im 9. Jh. war Deventer (98 000 Einw.) ein bedeutendes Handelszentrum. An die Blütezeit der Hanse erinnern viele schmucke Bauten. Das **Stadhuis** (Grote Kerkhof 4), dessen älteste Abschnitte aus dem 13. Jh. stammen, schmücken eine Renaissancegiebelfassade sowie auffällige Pilaster am Seitenflügel. Wegen der romanischen Krypta ihres Vorgängerbaus lohnt die spätgotische **St. Lebuinuskerk** vis-à-vis den Besuch. In der einstigen Stadtwaage zeigt das **Historisch Museum Deventer** Exponate zur Geschichte, u. a. Gildensilber und Porzellan (Brink 56, Di–Sa 10–17, So 13 bis 17 Uhr, www.deventermusea.nl). Im **Speelgoedmuseum** wird allerlei (Blech-)Spielzeug präsentiert (Brink 47, Di–Sa 10–17, So 13–17 Uhr).

Am 1. Augustsonntag findet am IJsselboulevard ! der größte niederländische Büchermarkt statt. An fast 1000 Ständen werden auf einer Länge von 6 km überwiegend antiquarische Bücher verkauft.

Im Nationalpark De Hoge Veluwe

Zwolle **Die Landesmitte**

Info
VVV
- Brink 56 | 7411 BV Deventer
  Tel. 05 70/71 01 20
  www.vvvdeventer.nl

Hotel
Royal €€
Dezent im Retro-Look gehaltenes Haus mit Grand Café und gediegener Küche.
- Brink 94 | Deventer
  Tel. 05 70/61 18 80
  www.royal-deventer.nl

Restaurant
't Arsenaal €€
Französisch-holländische Kreationen, die in einer früheren Kapelle (15. Jh.) stilvoll serviert werden.
- Nieuwe Markt 33 | Deventer
  Tel. 05 70/61 64 95
  www.restaurantarsenaal.nl
  So geschl.

Zwolle 14 ★ [J6]

Den von Grachten durchzogenen alten Kern der Provinzhauptstadt (122 000 Einw.) von Overijssel überragt der 90 m hohe Turm der gotischen **Onze-Lieve-Vrouwe-Basiliek** am Ossenmarkt. Sehenswerte Profanbauten der Hansestadt sind der Paleis van Justitie (Blijmarkt), das Vrouwenhuis am Melkmarkt, ein Altersheim für Dienstmädchen aus dem 18. Jh., sowie das spätgotische Stadttor Sassenpoort, der Rest der Stadtbefestigung im Süden. Das **Stedelijk Museum Zwolle** zeigt in einem Patrizierhaus alte Möbel bis in die Zeit des Jugendstils (Melkmarkt 41, Di–Sa 10–17, So 13–17 Uhr).

Barock in Deventer

Info
Zwolle Tourist Info
- Melkmarkt 41
  (Stedelijk Museum Zwolle)
  8011 PK Zwolle | Tel. 038/421 53 92
  www.zwolletouristinfo.nl

Hotel
Fidder €€
Geschmackvoll und opulent im Jugendstil eingerichtetes Haus in ruhiger Lage. Auch Familienzimmer.
- Koningin Wilhelminastraat 6 | Zwolle
  Tel. 038/421 83 95
  www.hotelfidder.nl

Restaurant
De Librije €€€
Zum Feinschmeckerimperium von Jonnie und Thérèse Boer in einem alten Dominikanerkloster gehört nicht nur das ❗ beste Restaurant der Niederlande in der eleganten Bibliothek, sondern auch ein Laden mit hausgemachten Spezialitäten, ein Hotel, ein Atelier und ein Cateringservice.

Die Landesmitte Hattem, Hasselt, Kampen

- Spinhuisplein 1 | Zwolle
  Tel. 038/853 00 00 | www.librije.com
  So/Mo geschl.

Shopping
»Zwoller Bällchen« sind eine süße Hefeteigspezialität – im **Zwolse Balletjeshuis** (Grote Kerkplein 13) hergestellt nach altem Familienrezept.

Hattem 15 [J6]

Wären nicht die Autos, man könnte Hattem für ein Museumsstädtchen halten. In einem Häuschen lebte der Illustrator Anton Pieck (1895 bis 1987). Viele seiner Arbeiten sind im **Anton-Pieck-Museum** in der Achterstraat ausgestellt (Di–Sa 10–17, So 13–17 Uhr, www.antonpieckmuseum.nl). Das **Nederlands Bakkerij Museum** erstreckt sich über drei alte Gebäude und einen Holzofen (Kerkhofstraat 13, www.bakkerijmuseum.nl, Di–Sa 10–17 Uhr).

Info
Rond Uit Hattem
- Kerkhofstraat 2 | 8051 GG Hattem
  Tel. 038/444 82 98
  www.ronduithattem.nl

Hasselt 16 [J6]

Mit dem Boot können Freizeitkapitäne das alte Festungsstädtchen am Zwarte Water stilvoll ansteuern. Aber auch von Land kommend lohnt sich ein Streifzug durch die malerischen Gassen und die lindengesäumten Grachten. Auffallend sind die spätgotischen Bauten der Grote Kerk und des Oude Stadhuis.

Kampen 17 [J6]

Heringe und Hansehandel brachten Geld in die Stadt (51 000 Einw.), die sich fotogen ans IJsselufer schmiegt. Das **Koornmarktspoort** (14. Jh.) an der südlichen IJsselkade ist eines der drei erhaltenen Stadttore. Über die Dächer der Bürgerhäuser erheben sich die Türme der Nikolaas-, Buiten- und Broederkerk sowie der schiefe Rathausturm. In der einstigen Synagoge am Lampetpoort zeigt das **Stedelijk Museum** sehenswerte Ausstellungen (Oudestraat 133, Di–Sa 10–17, So 13–17 Uhr, www.stedelijkemuseakampen.nl).

Hotel
Van Dijk €€
Geschmackvoll eingerichtete, zur Straße etwas laute Zimmer mit herrlicher Aussicht auf die IJssel.
- IJsselkade 30 | 8261 AC Kampen
  Tel. 038/331 49 25
  www.hotelvandijk.nl

Restaurant
De Bottermarck €€
Französisch inspirierte niederländische Küche, gute Fischplatten.
- Broederstr. 23 | Kampen
  Tel. 038/331 95 42
  www.debottermarck.nl
  So geschl.

Noordoostpolder

Bis 1942 war der heutige Noordoostpolder ein flacher Teil der Zuiderzee und das Projekt Flevoland ein waghalsiger Plan. Nun sind die trockengelegten Flächen dicht bewach-

Karte S. 116

Noordoostpolder, Lelystad **Die Landesmitte**

sen und kühn bebaut. Aber an die zwei ehemaligen Inseln Schokland und Urk erinnert noch einiges.

Schokland 18 [H6]

Die ehemalige Insel Schokland wurde seit dem 18. Jh. immer wieder vom Wasser überspült und schließlich 1859 auf Befehl des Königs vollständig evakuiert. Die Reste des Schokker Hafens, die Warftkirche und einige restaurierte Mauern stehen auf der Liste des UNESCO Weltkulturerbes. Im Schokland-Museum ist die wechselvolle Geschichte der seit prähistorischer Zeit besiedelten Insel und ihrer Bevölkerung dokumentiert (Middelbuurt 3, Tel. 05 27/25 13 96, Juli/Aug. tgl. 11–17, April–Okt. Di–So 11–17, sonst Fr bis So 11–17 Uhr).

Urk 19 [H5]

Von der alten Insel Urk zeugt nur der Hafen Urk (19 000 Einw.), wo nun vor allem Schollen und Seezungen verladen werden. In dem ehemaligen Fischerdorf sieht man noch ältere Menschen in der typischen schwarzen Urker Tracht samt klappernden Holzschuhen, und am Freitag wird nach calvinistischer Tradition der frische Fang direkt im Hafenareal versteigert. Den Strom für Kühlaggregate und vieles mehr produzieren moderne Windkraftanlagen auf den Polderwiesen.

Lelystad 20 [G6]

Originell und manchmal verwirrend funktional gestaltete Wohngebiete charakterisieren die moderne Hauptstadt (75 000 Einw.) von Flevoland, der jüngsten niederländischen Provinz, die fast vollständig dem Wasser abgetrotzt wurde. Benannt nach dem Initiator des Zuiderzee-Projekts, Cornelius Lely, ist das erst 1967 begründete Lelystad ein großes Modell für die Wohnwelt der Zukunft und öffnet gleichzeitig ein Fenster in die Vergangenheit: Nahe dem Deich Lelystad–Enkhui-

SEITENBLICK

Freilichtmuseen

Die bäuerliche Vergangenheit der Niederlande zeigt sich in den Freilichtmuseen des Landes von ihrer schönsten Seite. Die größte Sammlung an alten Bauernhäusern, Werkstätten und urigen Ladeneinrichtungen ist im **Nederlands Openluchtmuseum** bei Arnhem zu sehen › S. 120, während im autofreien Dorf Orvelte bei Borger, östlich von Assen, die typische Bauweise der Region Drenthe mit einer alten Schmiede und mehreren Handwerkshütten konserviert wurde. Im Kontrast dazu stehen die dunkelgrünen Fischerhäuser des nordholländischen Dorfidylls, die u. a. in der **Zaanse Schans** aufgestellt sind › S. 56. Noch reizvoller als die offiziellen Museumslandschaften sind jedoch verträumte Kleinstädte wie Giethoorn › S. 69, Bronckhorst › S. 122 oder Hattem › S. 126, in denen engagierte Nostalgiker den Alltag wie anno dazumal vorleben. Nur die Brillen, Armbanduhren und Mobiltelefone verraten, dass die Zeit hier nicht wirklich stehen geblieben ist.

Die Landesmitte Lelystad

> **! Erstklassig**
>
> ### Land-Art – Kunst im Grünen
>
> Vor allem in Flevoland, der Region ohne Geschichte, schmücken Kunstobjekte im Grünen die Szenerie.
>
> - Die 25 m hohe, aus 1782 Stahlknoten geformte Skulptur **Exposure**, die Figur eines kauernden Mannes von Antony Gormley, schaut vom Markerwarddijk in **Lelystad** auf das IJsselmeer hinaus. › S. 127
> - 178 akkurat gepflanzte Pappeln stellen nach dem Willen von Marinus Boezen am Tureluurweg in **Almere De Groenen Kathedraal** dar, eine in den Himmel wachsende Kopie der Kathedrale von Reims. › S. 128
> - **Polderland Garden of Love and Fire** von Daniel Libeskind am Pampushavenweg in **Almere** ist eine rätselhafte Reihe von Metallstreben, die in der Sonne feurig heiß wird. › S. 128
> - Grasbewachsene Erdwellen rollen am Reigerweg von **Zeewolde [H7]** (30 km südöstl. von Almere) heran, wo Piet Slegers 1979 die **Aardzee** plastisch gestaltet hat.
> - Der Ort **Valkenswald** südlich von Eindhoven ist jeder Sommer Treffpunkt für Land-Art-Künstler aus aller Welt. Viele der von ihnen geschaffenen vergänglichen Objekte sind dann nur wenige Wochen lang zu sehen (www.landartinitiatief.nl). › S. 143

zen baut man seit dem Jahr 1995 in der Bataviawerft Repliken historischer Holzschiffe; daneben lockt das Outlet-Center Bataviahaven im Retro-Look (Oostvaardersdijk 1–9, Tel. 03 20/26 14 09, www.bataviawerf.nl, tgl. 10–17 Uhr).

Naturliebhaber schätzen den bemerkenswerten Vogelreichtum in den südöstlich gelegenen **Oostvaardersplassen**, einem der wichtigsten europäischen Feuchtbiotope. Anlaufstelle ist ein informatives Besucherzentrum (Kitsweg 1, April–Okt. Di–So 10–17, sonst 12–16 Uhr, Tel. 03 20/25 45 85).

Almere 21 [G7]

Wer sich für moderne Architektur und eigenwillige Siedlungsprojekte interessiert, der wird in Almere (189 000 Einw.) fündig, einer nur 30 km von Amsterdam entfernten Spielwiese für Architekten. Seit 1975 wird die am schnellsten wachsende Stadt des Landes errichtet. Immer wieder sorgen Containerhäuser, Würfelapartments, Wohnwürmer und andere in Beton gegossene Experimente der modernen Stadtentwicklung für Diskussionsstoff.

Aktuelle Flevoländer Trends der Themengebiete Design, Fotografie und Architektur stellen sich in dem futuristischen Museum **De Paviljoens** einem kritischen Publikum (Odeonstraat 3, www.depaviljoens.nl, Mi–So 12–17 Uhr). Zudem setzen sich die Museumskuratoren dafür ein, dass immer neue Land-Art-Projekte das flache Flevoland bereichern.

Utrecht **Die Landesmitte**

Utrecht 22 ⭐ [F9]

Ein Blick in die Vergangenheit von Utrecht (328 000 Einw.), der Hauptstadt der gleichnamigen Provinz, offenbart römische Spuren. Aus dem antiken Kastell entwickelte sich eine fränkische Burg und mit der Erhebung zum Bischofssitz ein kulturelles Zentrum der Region.

Die Stadt besitzt schöne Klosterhöfe und Kirchen, sehenswerte Rokokoportale und Renaissancebauten. Im Zentrum steht die großartige **Domkerk** im Stil der französischen Kathedralgotik. Der Grundriss ihres romanischen Vorgängerbaus (1674 zerstört) ist auf dem Domplatz eingelassen. Direkt daneben liegt die Universität mit ihrer auffälligen Renaissancefassade.

Das **Centraal Museum** im Agnietenkloster zeigt in hellen, funktionalen Räumen Kunst aus sechs Jahrhunderten und Exponate zur Stadtgeschichte. Kleinen Besuchern widmet sich das Museum Kids Centraal (Nicolaaskerkhof 10, www.centraalmuseum.nl, Di–So 11 bis 17 Uhr).

Eine Außenstelle des Museums ist das **Rietveld-Schröder-Huis**, ein Höhepunkt der funktionalistischen De-Stijl-Architektur und UNESCO-Weltkulturerbe. Das 1924 von Gerrit Rietveld für Truus Schröder entworfene Wohnhaus zeigt noch originales Mobiliar (Prins Hendriklaan 50, www.rietveldschroderhuis.nl, Mi–So 11–16 Uhr; Zutritt beschränkt auf max. 10 Pers. gleichzeitig, Reservierung empfohlen: Tel. 030/236 23 10). **50 Dinge** 29 › S. 15.

Im **Museum van Speelklok tot Pierement** in der ehemaligen Buurkirche sorgen kuriose Musikautomaten für Unterhaltung, von der Spieldose bis zur Drehorgel (Steenweg 6, Di–So 10–17 Uhr, Tel. 030/231 27 89, www.museumspeelklok.nl). Das **Museum Maluku** dagegen widmet sich der ehemaligen niederländischen Kolonie der Molukken in Indonesien und dem Schicksal ihrer Bewohner (Kruisstraat 313, Di–Sa 11–17, So 12–17 Uhr, Tel. 030/236 71 16, www.museum-maluku.nl). Das **Aboriginal Art Museum** befasst sich mit der Kunst der australischen Ureinwohner; es zeigt außer Traumzeit-Bildern auch zeitgenössische Werke (Oudegracht 176, Di–Fr 10–17, Sa/So 11–17 Uhr, Tel. 030/238 01 00, www.aamu.nl).

Info

VVV
- Domplein 9
  3512 JC Utrecht
  Tel. 09 00/1 28 87 32
  www.utrechtyourway.nl

Verkehr

Rederij Schuttevaer
Grachtenrundfahrten u. Bootsausflüge.
- Weerdsinge | Utrecht
  Tel. 030/231 93 77
  www.schuttevaer.com

Hotel

Malie Hotel €€
Stilvolles Domizil in Uninähe mit Garten im parkähnlichen Maliebaan-Viertel.
- Maliestr. 2–4 | Utrecht
  Tel. 030/231 64 24
  www.maliehotel.nl

Die Landesmitte Utrecht, Doorn, Zeist

Restaurants
Het Wachthuis €€
Leckere Bioküche und feine Fischgerichte, serviert auf der schönen Gartenterrasse des alten Forts; auch die Innenräume haben viel Atmosphäre.

Fort aan de Klop | 1e Polderweg 4–6 Utrecht | Tel. 030/266 05 55
www.fortaandeklop.com

De Oude Muntkelder €–€€
Eines der stimmungsvollen Restaurants bei den Werftkellern der Oude Gracht. Herzhafte Pfannkuchen und solide Hausmannskost in altholländischem Flair.

- Oudegracht a/d Werft 112 | Utrecht
Tel. 030/231 67 73
www.deoudemuntkelder.nl

Shopping
Das Einkaufszentrum **Hoog Catharijne** lockt mit rund 180 luxuriösen Geschäften plus Kinos, Restaurants und Cafés.
- Catharijnebaan (Zugang über Hbf.)

Doorn 23 [G9]

Aus der im 14. Jh. vom Bischof von Utrecht angelegten Ridderhofstad ging der Adelssitz Doorn (10 000 Einw.) hervor. Seit allerdings Wilhelm II., der letzte deutsche Kaiser, 1920 das **Kasteel Huis Doorn** kaufte und dort sein Exil bis zu seinem Tod 1941 verbrachte, ist es mit dem abgeschiedenen Idyll vorbei. Mehr als 80 000 Touristen besichtigen jedes Jahr des Kaisers Grab, das Landgut mit dem prächtigen Keizerlijk Rosarium und die Sammlung wertvoller Kunstschätze, die er auf der Flucht aus Berlin mitnahm (Langbroekerweg 10, Tel. 03 43/42 10 20, www.huisdoorn.nl, Mai–Sept. Di–So 13–17, sonst nur Mi, Sa, So 13–17 Uhr,).

Zeist 24 [G9]

Wundervolle Villen prägen die Stadt (61 000 Einw.), die allein wegen **Slot Zeist** mit seinen grandiosen Gartenanlagen à la Versailles und den wechselnden Ausstellungen einen Stopp lohnt (Zinzendorflaan 1, Di bis Fr 11–17, Sa/So 13–17 Uhr, www.slotzeist.nl). Zudem bieten die großen Mischwälder der Umgebung viele Möglichkeiten für Wanderungen oder Radtouren.

Amersfoort 25 [G8]

Ein doppelter Grachtengürtel umschließt den malerischen Stadtkern von Amersfoort (151 000 Einw.). Einmalig sind die Muurhuizen (Mauerhäuser) aus dem späten Mittelalter, die sich an den alten Mauerring drängen, sowie die gotische **Grote Kerk** (Hof 1) mit ihrem Lettner (15. Jh.). Im 100 m hohen Onze-Lieve-Vrouwe-Toren erklingt das Hemony-Glockenspiel.

Als einziges Tor der ersten mittelalterlichen Stadtmauer ist das **Kamperbinnenpoort** am Ende der Langestraat erhalten. Das **Koppelpoort** (14. Jh.), ein Relikt der zweiten Stadtummauerung, wachte über den nördlichen Stadtzugang. Das Wassertor **Monnikendam** kann man noch heute mittels einer Tretmühle verschließen.

Im **Mondriaanhuis** wurde der konstruktivistische Maler Piet (Pie-

Amersfoort, Hilversum **Die Landesmitte**

ter Cornelis) Mondriaan (1872 bis 1944) geboren. Seit seiner Zeit in Paris (ab 1911) schrieb er sich im Ausland mit einem »a«. Sein Geburtshaus und die angrenzende Schule zeigen als **Museum voor Constructieve en Concrete Kunst** Werke Mondriaans und seiner Zeitgenossen (Kortegracht 11, www.mondriaanhuis.nl, Di–Fr 11–17, Sa/So 12 bis 17 Uhr).

Info
VVV
- Breestraat 1
  3818 LE Amersfoort
  Tel. 09 00/112 23 64
  www.vvvamersfoort.nl

Hotel
De Tabaksplant €€
Freundliches, im Treppenhaus recht enges Hotel im Zentrum mit schönem Innengarten.
- Conickstr. 15
  Amersfort
  Tel. 033/472 97 97
  www.tabaksplant.nl

Hilversum 26 [G8]

Mit ihren Sendeanlagen bildet die Stadt (86 000 Einw.) das Herzstück der nationalen Medienlandschaft. Sehenswert ist das **Museum Hilversum,** das sich mit Architektur, Landschaft und Städtebau befasst (Kerkbrink 6, Di–Sa 11–17, So 12–17 Uhr, www.museumhilversum.nl). Am **Loosdrechtse Plassen** südlich der Stadt liegen schöne Herrensitze. Das attraktive Wassersportgebiet entstand durch den Torfabbau.

Ausflug von Hilversum

Wälle und Mauern umschließen sternförmig die Festungsstadt **Naarden** 27 [F8], an dessen umkämpfte Vergangenheit das Vestingmuseum erinnert (Westwalstraat 6, www.vestingmuseum.nl, Di–Fr 10.30–17, Sa/So 12–17 Uhr). Einen Blick wert ist das bemalte hölzerne Tonnengewölbe in der gotischen Vituskerk.

Die Festungsinsel Pampus in **Muiden** 28 [F7] wird vom Kasteel Muiderslot dominiert. Dort informiert ein Museum über die alte Ritterherrlichkeit (Herengracht 1, Tel. 02 94/25 62 62, www.muiderslot.nl, April–Okt. Mo–Fr 10–17, Sa/So 12–17, sonst nur Sa/So 12–17 Uhr).

Im Stadtkern von Amersfoort

DER VIELFÄLTIGE SÜDEN

Kleine Inspiration

- **Lustvoll sündigen** in den zahlreichen Gourmetrestaurants von Maastricht › S. 137
- **Wie einst die feinen Herrschaften** durch die Gärten von Schloss Arcen schlendern › S. 142

Tour 11 **Der Süden**

Lebensfroh und weltoffen präsentiert sich der vom nahen Flandern geprägte Süden der Niederlande seinen Besuchern. Seine Städte halten viele Sehenswürdigkeiten bereit.

Die grenznahe Region im abwechslungsreichen Dreiländereck zwischen Belgien, Deutschland und den Niederlanden ist weit mehr als ein Ausflugsziel für Tagestouren. Die Strände der Nordseeküste, die die meisten Besucher anziehen, sind weit entfernt, aber die reiche Historie von Städten wie Roermond und Thorn und der südliche Lebensstil sind äußerst attraktiv. Maastricht, eine der ältesten Städte der Niederlande und Hauptstadt der Provinz Limburg, ist ein geschichtsträchtiger Ort; hier wurde 1992 der Vertrag über die Europäische Union unterzeichnet. Die Restaurants der Stadt können mit zahlreichen kulinarischen Spezialitäten aufwarten und stehen bei Feinschmeckern seit jeher hoch im Kurs.

An die Zeit des Bergbaus in Limburg erinnern die unterirdischen Attraktionen in Heerlen, noch älter sind die römischen Katakomben von Valkenburg. Quer durch die Provinz Limburg führt außerdem eine ausgeschilderte Schlösserroute, während im Noord-Brabant – nicht nur kulinarisch – die Nähe zu Belgien und das gemeinsame flämische Erbe zu spüren sind. In 's-Hertogenbosch, der Hauptstadt der Provinz, wurde um 1450 der Maler Hieronymus Bosch geboren, dessen Werk bis heute Rätsel aufgibt.

Oben: Typisch für die Provinz Limburg sind die Weiden entlang der Kanäle
Links: Kubuswohnungen in Helmond

Tour in der Region

Tour 11 — Hügeliges Dreiländereck

Route: Venlo › Roermond › Thorn › Heerlen › Valkenburg › Maastricht
Karte: Seite 135
Dauer: 2 Tage (ca. 110 km)
Praktische Hinweise:
- Ein Auto empfiehlt sich. Sa und So verkehrt in Roermond der Gratis-Shopping-Bus, der u. a. das Designer-Outlet ansteuert.

Tour-Start:

Für die Niederländer sind es schon Berge, die sich südlich von Venlo erheben, auch wenn der höchste Hügel am Dreiländereck mit rund 300 m Höhe bescheiden ausfällt. Eindrucksvoller sind die Täler, in die sich malerische Dörfer und prächtige Schlösser schmiegen.

Venlo 8 › S. 141 ist eine moderne, grenznahe Handelsstadt, doch als Shopping- und Besichtigungsziel attraktiver ist **Roermond** 7 › S. 140. Ein Outletcenter und der Puppenstubencharme der Altstadt bieten genügend Programm für den gelungenen Abschluss des ersten Reisetags.

Am zweiten Tag geht es nach **Thorn** 6 › S. 139 mit seinen weiß gekalkten Häuschen und ins Jugendstil-Bergbaustädtchen **Heerlen** 4 › S. 139. Im Sommer ist **Valkenburg** 2 › S. 137, die Stadt der Gärten, Schlösser und Grotten, ein trubeliges Ausflugsziel. Dagegen setzt man in der Altstadt **Maastricht** 1 › S. 135 auf Laisser-faire – hier lässt man die kleine Reise am besten bei einem exquisiten Essen ausklingen.

Wichtige Adressen

VVV Limburg
- Kleine Staat 1
  6211 ED Maastricht
  Tel. 043/325 21 21
  www.vvvlimburg.nl

Brabants Bureau voor Toerisme
- Statenlaan 4
  5042 RX Tilburg
  Tel. 013/465 67 16
  www.vvvbrabant.nl

Sint Servaasbasiliek

Karte S. 135

Maastricht **Der Süden**

Unterwegs im Süden

Maastricht 1 ⭐ [J15]

In der Hauptstadt der Provinz Limburg (122 000 Einw.) ist man stolz darauf, dem typischen Hollandklischee nicht zu entsprechen: keine Tulpenfelder, keine Windmühlen, keine Käselaibe. Dafür pflegt man das barocke Lebensgefühl, gespeist von der katholischen Tradition und der Nähe zu Flandern.

Ob Niederländer, Belgier oder Deutsche, alle flanieren sie gerne durch die lebensfrohe, weltoffene Universitätsstadt an der Maas mit ihren zahlreichen Terrassencafés und ausgezeichneten Restaurants, mit originellen Boutiquen, bunten Märkten und nach Weihrauch duftenden Kirchen.

Die von den Römern gegründete Stadt *Mosae Trajectum* wurde wegen ihrer strategisch günstigen Position häufig belagert. Nach 1621 war die älteste Stadt des Landes auch seine größte Festung. Als 1830 das Königreich Belgien gegründet wurde, lag Maastricht mit einem Federstrich im regionalen Abseits, ihr Dornröschenschlaf endete erst mit der europäischen Gemeinschaft. 1991/1992 wurde durch den Vertrag von Maastricht die EU begründet.

Von den Parkplätzen am Bahnhof kommend geht man über die schmale, siebenbogige **Sint Servaasbrug**, die älteste von fünf Brücken, in die Altstadt. Ein Blick zurück streift den nostalgischen Stadtteil Wijk am Ostufer der Maas, nach

Tour im Süden

Tour 11

Hügeliges Dreiländereck

Venlo › Roermond › Thorn › Heerlen › Valkenburg › Maastricht

Westen weisen die massiven Türme des Doms den Weg ins historische Herz von Maastricht.

Lebendiger Mittelpunkt der Altstadt ist der Platanen bestandene **Vrijthof**, tatsächlich ein einstiger Friedhof. Am letzten Augustwochenende wird auf dem Platz das bekannte Schlemmerfestival Preuvenemint gefeiert › **S. 41**.

Die **Sint Servaasbasiliek** ist das Wahrzeichen der Stadt. Der Dom, eine romanische Kreuzbasilika, wurde über dem Grab des hl. Servatius (um 1150) errichtet; im Mittelalter war er Sitz der kaiserlichen Kanzel, schließlich ist die Residenzstadt Aachen nicht weit. Neben dem Grabmal Karls von Lothringen ist das prächtige Bergportal sehenswert. Zu den Prunkstücken der Schatzkammer gehört der Schrein von Servatius, des ersten Bischofs von Maastricht (tgl. 10–18 Uhr).

Auch der auffällige, 68 m hohe rote Turm der gotischen **St. Janskerk** schräg gegenüber prägt den beeindruckenden Hauptplatz (Mai–Okt. Mo–Sa 11–16 Uhr). Im Kapitelhaus **Spaans Gouvernement** aus dem 14. Jh. mit seinem italienisch anmutenden Arkadenhof hat ein Museum mit Kunstgegenständen aus dem 17. und 18. Jh. einen traumhaft schönen Platz gefunden (Vrijthof 18, Mi–So 13–17 Uhr).

Die **Onze-Lieve-Vrouwe-Basilika**, ehemals ein wichtiger Bestandteil der städtischen Festungsanlagen, wird als die schönste romanische Kreuzbasilika des Landes bezeichnet, trotz ihres mystisch-dunklen Innenraumes. Die ursprüngliche Funktion des Baus mit seinen beiden Treppentürmen an der Westfassade ist noch gut zu erkennen, in der Schatzkammer findet man sakrale Pretiosen (Mai–Sept. Mo–Sa 11 bis 17, So 13–17 Uhr).

Im Schatten der Kirchen sind viele Bürgerhäuser im Stil der Gotik und der maasländischen Renaissance erhalten, darunter das **Dinghuis** (15. Jh., Kleine Staat 1) und das **Pesthuis** (18. Jh., Vijf Koppen).

Maastrichts bedeutendstes und schon optisch auffälliges Museum, das **Bonnefantenmuseum,** wurde nach Plänen des Stararchitekten Aldo Rossi aus Mailand gebaut. Der futuristische Klinkerbau mit dem zinkgrünen Turm beherbergt archäologische Funde aus Limburg sowie eine bedeutende Gemäldegalerie. Neben Werken alter Meistern finden dort auch innovative Kunstprojekte der Gegenwart einen reizvollen Rahmen (Di–So 11–17 Uhr, www.bonnefanten.nl). Das Museumscafé Ipanema lockt mit feinen Snacks und einem großartigen Blick über die Maas hinüber zur Wohnanlage Stoa, einem modernistischen Klinkerklotz.

Südlich der Altstadt kann man am Waldeckpark das in Jahrhunderten durch Kalk- und Mergelabbau entstandene Grottenlabyrinth im **Sint Pietersberg** besuchen. Einige der über 250 km langen Gänge, die der Bevölkerung auch als Schutz- und Lagerräume dienten, kann man besichtigen (Luikerweg 71, April–Okt. Mo–Sa Führungen 12.30, 14 und 15.30 Uhr, So auch 11 Uhr, www.sintpietersberg.org).

Karte S. 135

Valkenburg aan de Geul **Der Süden**

Info
VVV
- Kleine Staat 1
  6211 ED Maastricht
  Tel. 043/325 21 21
  www.vvvmaastricht.nl

Hotels
Kruisherenhotel €€€
Im ehemaligen Kloster aus dem 15 Jh. samt seiner gotischen Kirche haben der Designer Henk Vos und Lichtkünstler Ingo Maurer einmalige Zimmerkunstwerke eingerichtet.
- Kruiserengang 19–23 | Maastricht
  Tel. 043/329 20 20
  www.chateauhotels.nl

Town House Hotel €€
Neues bereits beliebtes Designhotel beim Bahnhof, durchgestylte Zimmer mit sehr guten Betten.
- St. Maartenslaan 5 | Maastricht
  Tel. 043/321 11 11
  www.townhousehotels.nl/de

Restaurants
Beluga Centre Céramique €€€
Das Team von Sternekoch Hans van Wolde sorgt mit tollen Menü-Variationen und coolen Events für Schlagzeilen.
- Plein 1992 | Maastricht
  Tel. 043/321 33 64
  www.rest-beluga.com
  So/Mo geschl.

Château Neercanne €€€
Erstklassiges Gourmetrestaurant im Schloss, serviert werden französische Küchenkreationen von Hans Snijders.
- Cannerweg 800 | Maastricht
  Tel. 043/325 13 59
  Mo geschl., Sa nur abends.

Charlemagne €
Eetcafé an einem der schönsten Plätze der Stadt.
- Onze-Lieve-Vrouweplein 24
  Maastricht | Tel. 043/321 93 73
  www.cafecharlemagne.nl
  tgl. bis 23 Uhr

Shopping
In den schick restaurierten Häusern des Stokstraat-Viertels locken Boutiquen mit aktueller Mode und Accessoires. In der Dominikanerkerkstraat bietet die in eine ehemalige, 800 Jahre alte Kirche integrierte Boekhandel Dominicanen eine gute Auswahl, v. a. englische Literatur.

Valkenburg aan de Geul 2 [J15]

Als einer der bedeutendsten Urlaubsorte des Landes ist das romantische Städtchen (18 000 Einw.) in der Saison recht überlaufen. Bereits 1885 wurde hier das erste Fremdenverkehrsbüro des Landes eröffnet.

Auf dem Fels über der pittoresken Altstadt thront die **Kasteelruine**, der imposante Rest der Wehrburg der Herren von Valkenburg (12. Jh.; Juli/Aug. tgl. 10–18, sonst bis 17 Uhr; Jan. geschl., www.kasteelvalkenburg.nl).

Sehenswert sind zudem die **Romeinse Katakomben**, ein Nachbau frühchristlicher römischer Begräbnisstätten (Plenkertstr. 55, Führungen April–Aug. tgl. 11–16, sonst nur Sa/So 14 Uhr, Tel. 043/601 25 54, www.katakomben.nl), sowie die **Gemeentegrot**, ein künstliches Höhlenlabyrinth mit Lourdesgrotte und

Der Süden Valkenburg aan de Geu

See in den weichen Mergelschichten unter der Stadt (Cauberg 4, Tel. 043/601 22 71, http://cave-experience.nl, Führungen Juli/Aug. tgl. 10.30 bis 16.45, April–Juni, Sept./Okt Mo–Fr 11–16, Sa/So 10.30 bis 16.30, Jan. bis März, Anf.–Mitte Nov. Mo–Fr 11 bis 15, Sa/So 11–16 Uhr).

Info
VVV
- Theodoor Dorrenplein 5
  6301 DV Valkenburg | Tel. 09 00/97 98
  www.vvvzuidlimburg.nl

Hotels
In der Provinz liegen fünf Schlosshotels, die exquisite Arrangements anbieten (www.chateauhotels.nl), darunter das

Château Sint Gerlach €€€
Luxushotel mit tollem Wellnessbereich inmitten der Schlossgärten im Limburger Hügelgebiet.
- Joseph Corneli Allee 1
  Valkenburg | Tel. 043/608 88 88

De Burghoeve €€
Familienfreundliches Mittelklassehotel im gemütlichen Landsitz. Einige Zimmer haben kein eigenes Bad. Fahrradfahrer sind willkommen, auch Radverleih.
- De Broekhem 134 | Valkenburg
  Tel. 043/601 29 62
  www.hoteldeburghoeve.nl

Restaurant
De Gouden Leeuw €€
Feine klassische holländische Küche, Muschelgerichte und Kindermenüs.
- Grotestraat Centrum 49
  Valkenburg | Tel. 043/601 25 79
  www.restaurantgoudenleeuw.nl

Ausflüge von Valkenburg

Nur wenige Kilometer muss man von Valkenburg nach Süden fahren, um zum **Dreiländerpunkt** 3 [K15] Niederlande–Belgien–Deutschland auf dem Vaalser Berg zu gelangen. Er ist der – zugegeben alpinistisch unspektakuläre – höchste Punkt des flachen Landes mit immerhin 321 m über dem Meeresspiegel! Wer will, kann beim Abstieg seinen Orientierungssinn im riesigen Heckenlabyrinth Drielandenpunt einmal auf die Probe stellen. Doch Vorsicht: Nicht nur Büsche, auch Wasserdüsen versperren den Weg. (Viergrenzenweg 97, 6291 BM Vaals, www.drielandenpunt.nl, April–Okt. tgl. 10–18 Uhr).

Nordwestlich von Valkenburg nahe Heerlen gibt es weitere attraktive Ziele: Der Landschaftspark **Wereldtuinen Mondo Verde** bei Landgraaf begeistert mit seiner Mischung aus Skulpturenpark, Tiergarten und prächtiger Pflanzenschau (Groene Wereld 10, Tel. 045/535 01 61, www.wereldtuinenmondoverde.nl, April–Okt. tgl. 10–18, sonst Mo–Sa 11–15, So 10 bis 17 Uhr). Das **Kasteel Hoensbroek** ist die größte Wasserburg zwischen Rhein und Maas. Ihre ältesten Bauteile stammen aus dem 14. Jh., ein Großteil des Komplexes aber entstand im 17. Jh. Mehr als 50 kostbar möblierte Räume des Haupttraktes sind zugänglich. Für Kinder gibt es spezielle Ritter-Events (www.kasteelhoensbroek.nl, tgl. 10–17.30 Uhr).

Heerlen, Sittard, Thorn **Der Süden**

Heerlen 4 [J15]

Die Bergarbeiterstadt (88 000 Einw.) mit den schicken Jugendstilhäusern im Zentrum hat die Schließung der Limburger Kohlengruben gut bewältigt. Am Stadtrand liegen Antike und Moderne dicht beieinander. So sind die überdachten Badeanlagen, die im **Thermenmuseum** zu besichtigen sind, ein einzigartiges Relikt aus der Römerzeit (Coriovallumstraat 9, Di–Fr 10–17, Sa/So 12–17 Uhr, www.thermenmuseum.nl). Gegenüber erhebt sich das moderne Rathaus mit der städtischen Galerie **Stadsgalerij Heerlen** (Bongerd 18, Di–Fr 11–17, Do bis 20 Uhr, Sa/So 13–17 Uhr).

Info
VVV
- Bongerd 19 | 6411 LH Heerlen
  Tel. 09 00/97 98
  www.vvvzuidlimburg.nl

Sittard 5 [J14]

Erste Siedlungsspuren der grenznahen Festungs- und späteren Handelsstadt (48 000 Einw.) reichen zurück bis zu den Bandkeramikern. Heutzutage macht es einfach Spaß, durch die pittoresken Gassen zu bummeln und sich vom Flair früherer Zeiten verzaubern zu lassen – vorbei an gut erhaltenen Stadtmauern, schmucken Giebeln und Kirchen sowie über hübsche Plätze. Sehenswert ist die spätgotische **St. Petruskerk** (Kerkplein), deren Chorgestühl (15. Jh.) reich mit filigranen Schnitzfiguren geschmückt ist.

Das Luxushotel Chateau Sint Gerlach

Thorn 6 [J13]

Die vielen kleinen weißen Häuser an kopfsteingepflasterten Gassen brachten dem gemütlichen Ort den Beinamen »weiße Stadt« ein. Aus der Vergangenheit der Abdijkerk und ihres Klosters gibt es eine Reihe pikanter Histörchen: Einst befand sich hier eine souveräne Abtei des »Heiligen Römischen Reiches Deutscher Nation«. Die Töchter europäischer Fürsten brachten sich selbst und ihre Mitgift ein, lebten frei von anderswo üblichen klösterlichen Zwängen und betrachteten die kirchliche Einrichtung als eine Art Heiratsinstitut.

Nicht nur Thorn selbst, sondern auch die sanfte Landschaft ringsherum bieten sich für einen Aufenthalt an. Die krummen Wege zwischen Pappelwäldchen und Kopfweiden verlocken zu längeren Radtouren.

Der Süden Thorn, Roermond

! Erst-klassig

Gratis entdecken

- Bei den **Gratis Lunchkonzerten** im Concertgebouw Amsterdam [F7] gibt es musikalische Qualität vom Feinsten in einem der besten Konzertsäle der Welt, aber ohne teuren Eintritt, denn die halbstündigen Konzerte kosten nichts! In der Regel mittwochs um 12.30 Uhr (außer Juli/Aug., www.concertgebouw.nl).
- Das Dach des 30 m hohen **NEMO Science & Technology Museum** ist im Juli und August gratis zugänglich, inklusive toller Aussicht auf Amsterdam. › S. 52
- Beim **Mosseldag** am 3. Augustsamstag in Yerseke kann man die frischen Miesmuscheln probieren, ohne dafür zahlen zu müssen. › S. 88
- **Auf den Spuren Jan Vermeers** bietet das Vermeer Centrum in der Geburtsstadt des Meisters kostenlose Führungen durch Delft zu den Stätten seines Lebens und Schaffens an (in Niederländisch: Fr 14, So 12, in Englisch: So 10.30 Uhr). › S. 95
- Die freien Orgelkonzerte in der **Grote Kerk St. Bavo** von Haarlem sind ein Genuss (Mai–Okt. Di 20.15, Do 16 Uhr). › S. 104
- Den **Natuurpark Lelystad**, der nicht weit von Amsterdam und der Hauptstadt von Felvoland entfernt liegt, können Sie erforschen, ohne einen Cent zu bezahlen. › S. 127

Info
VVV
- Wijngaard 8 | 6017 AG Thorn
Tel. 04 75/56 10 85
www.vvvmiddenlimburg.nl

Hotel
La Ville Blanche €€
Angenehmes Hotel mit gemütlichen, charmant eingerichteten Zimmern, Terrassencafé und Restaurant.
- Hoogstraat 2 | Thorn
Tel. 04 75/56 23 41
www.hotellavilleblanche.nl

Roermond 7 [J13]

Malerisch strebt die Silhouette von Roermond (56 000 Einw.) gen Himmel. Das geistliche Zentrum der katholischen Provinz Limburg litt im Zweiten Weltkrieg, doch einige Zeugnisse aus der etwa 750-jährigen Kulturgeschichte sind in gutem Zustand erhalten oder restauriert.

Die **Onze-Lieve-Vrouwe-Munsterkerk** stellt ein herausragendes Beispiel der romanisch-gotischen Baukunst im Kulturraum Rhein-Maas dar. Aber die vier Türme des schlichten Zisterzienserbaus ergänzte erst der in Roermond geborene Stararchitekt des 19. Jh. P. J. H. Cuypers. Stilistisch erinnern sie an die der Dome von Trier und Speyer. Weit und licht wirkt das Innere. Die Seitenschiffe tragen Emporen, die Bogen stützen sich auf romanische Kapitelle. Zum Interieur gehört ein beeindruckend schöner Brabanter Schnitzaltar. Unter der Kuppel stehen die Sarkophage von Graf Gerard III. und Margaretha von

Karte S. 135

Venlo **Der Süden**

Brabant (Munsterplein, April–Okt. So–Fr 10–17, Sa 10–16 Uhr). Cuypers' Musikpavillon neben der Kirche wird für Konzerte genutzt.

Am Markt stehen das **Stadhuis** mit mittelalterlichem Kellergewölbe und fröhlichem Glockenspiel sowie die im 15. Jh. erbaute **St. Christoffelkathedraal.** Wertvollster Schmuck im Innern ist ein Sakramentaltar im Renaissancestil. Aber auch die Kanzel (18. Jh.) sowie die Epitaphien der Roermonder Bischöfe sidn bemerkenswert (Grote Kerkstraat, April–Okt. tgl. 14–17 Uhr).

Immer wieder fallen beim Stadtbummel die in Nischen platzierten Figuren von Brunnenheiligen auf, die früher oberhalb der Wasserpumpen aufgestellt wurden. Noch heute tragen sie als Zeichen der Verehrung frischen Blumenschmuck.

Info
VVV
- Markt 17 | 6041 EG Roermond
Tel. 04 75/33 58 47
www.vvvroermond.nl

Hotel
Roermond €€
Einfaches, freundlich geführtes Haus mit 50 Zimmern und angeschlossenem Eetcafé Het Roerpotje am belebten Bahnhofsplatz; nicht leise, aber gute Fenster.
- Stationsplein 9/13 | Roermond
Tel. 04 75/31 65 48
www.hotelroermond.nl

Restaurants
Kasteeltje Hattem €€€
Schlossrestaurant mit exquisiter französischer Küche.

- Maastrichterweg 25 | Roermond
Tel. 04 75/31 92 22
www.kasteeltjehattem.com
So geschl.

Brasserie Entree €€
Landestypisches Eetcafé mit feiner Auswahl an kleineren Gerichten (Pfannkuchen und hausgemachte Pasteten).
- Markt 20 | Roermond
Tel. 04 75/33 01 55
www.brasserieentreeroermond.nl
Di/Mi geschl.

Shopping
Für Naschkatzen bieten die Konditoreien der Stadt Roermonder Boomstammetjes, Feingebäck mit zarter Trüffelfüllung und Schokoladenüberzug, sowie die schaumigen Christoffeltaartjes mit Mokka und Schokolade an.

Designer Outlet Roermond
In über 100 Läden findet man hier die Kollektionen namhafter Labels zu attraktiven Preisen.
- Stadsweide 2 | Roermond
www.designer-outlet-roermond.com

Venlo 8 [K12]

Einst Festungsstadt, wurde der Verkehrsknotenpunkt (100 000 Einw.) im Zweiten Weltkrieg schwer bombardiert. Die moderne Stadt wird gerne von Rheinländern besucht, die hervorragendes Gemüse von den Großbauern der Region kaufen. Sehenswert sind das **Stadhuis** am Markt (erbaut 1601, Erneuerung 1888) im Renaissancestil sowie die **St. Martinuskerk** (1411; Grote Kerkstraat 28) mit schönem Chorgestühl.

Der Süden Venlo

Karte S. 145

Hotel
Hotel Puur €€–€€€
30 Zimmer in reduziertem Schick von kuschelig bis maritim, Luxusapartments mit Eichendielen, Events im Kochstudio und ein vielgelobtes Restaurant machen das Puur zum trendigen Treff.
- Parade 7a | 5911 CA Venlo
  Tel. 077/351 57 90 | www.hotelpuur.nl

Restaurant
Valuas €€
Brasserie mit ausgezeichneter internationaler Küche.
- St. Urbanusweg 11 | Venlo
  Tel. 077/354 11 41 | www.valuas-hr.nl
  So geschl.

Ausflüge von Venlo

Nicht nur optisch eine Pracht sind die Parkanlagen des nördlich von Venlo gelegenen Wasserschlosses **Arcen** 9 [K12] (17. Jh.), die Kasteeltuinen. Auf 32 ha blühen im Frühsommer rund 20 000 Rosen, grünen 150 000 botanische Schätze, sprießen mehr als eine Million Zwiebelgewächse. Einige thematische Mustergärten, darunter eine asiatisch inspirierte Landschaft, können ebenso besichtigt werden wie der moderne Glasbau Casa Verde, in dem eine Vielzahl subtropischer Pflanzen gedeiht. Im Schloss finden Ausstellungen statt (Lingsforterweg 26, April–Okt. tgl. 10–18 Uhr, Tel. 077/473 60 10, www.kasteeltuinen.nl).

Wer gar nicht genug von der Pflanzenpracht bekommen kann, sollte auch das hübsche Rosendorf **Lottum** 10 [K12] nördlich von Arcen besuchen: **!** Prächtige Züchtungen, informative Gartentouren und ein verführerischer Shop sind die Trümpfe im Rosarium Lottum (Broekhuizerweg 55, www.rosariumlottum.com, Mo–Fr 8–18, Sa 8–17 Uhr).

Westlich von Venlo lohnt das originelle **Nationaal Asperge- en Champignonmuseum** im hübschen Ort **Horst** 11 [J12] einen Besuch. Hier dreht sich alles um Spargel und Pilzkulturen (Koppertweg 5, www.delocht.nl, April–Okt. tgl. 11–17 Uhr, sonst nur Sa/So). Wem das nicht reicht, der kann auch noch das nahe gelegene Erdbeerenmuseum samt Selbstpflückfeld ansteuern (Kreuzelweg 3, www.aardbeienland.nl, April–Aug. Di–So 11–17, Sept./Okt. 11.30–16.30 Uhr, Pflücken: Juni bis Aug. Di–So 13.30–15.30 Uhr).

Westlich von Venlo bieten sich die Moorgebiete **Marienveen, Helena Peel** sowie die südwestlich anschließende Hochmoorlandschaft des **Nationalparks Groote Peel** 12 ★ [J12/13] mit einem weiten Netz an Wanderwegen entlang von Entwässerungskanälen für ausgedehnte Spaziergänge und Touren zur Vogelbeobachtung an.

Hotel
Door & Roos €
Liebevoll individuell eingerichtetes B & B im ehemaligen Postgebäude, mit elegantem Tee- und Kaffeesalon, gemütlicher Terrasse und – natürlich – mit einem duftenden Rosengarten.
- Markt 16 | 5973 NR Lottum
  Tel. 077/850 18 84
  www.doorenroos.com

Eindhoven **Der Süden**

Kasteeltuinen – die Parkanlagen von Schloss Arcen

Eindhoven 13 [H12]

Die durch die Philips-Glühlampenfabrik bekannt gewordene Industriestadt (220 000 Einw.) investiert nicht nur in Infrastruktur, sondern auch in Kunst und Kultur. So schmückt sich das **Stedelijk van Abbemuseum** mit einer beachtlichen Sammlung moderner Meister wie Picasso und Chagall (Bilderdijklaan 10, Tel. 0 0/238 10 00, Di–So 11 bis 17 Uhr, www.vanabbemuseum.nl).

Im **Historisch Openluchtmuseum** wurde ein steinzeitliches Dorf nachgebaut, am Sonntag proben dort Freiwillige ein Leben als Steinzeitmensch, allerdings ohne auf Mammutjagd zu gehen (Boutenslaan 161b, Tel. 040/252 22 81, April bis Okt. tgl. 11–17 Uhr, www.eindhovenmuseum.nl).

Das **Philips Museum** erzählt die Geschichte des Elektrogiganten von der kleinen Glühmittelfabrik, die Gerard Philips 1891 gründete, bis hin zur heute weltweit operierenden Konzerngruppe (Emmasingel 31, Di–So 11–17 Uhr, Führungen buchbar unter Tel. 040/235 90 30, www.philips-museum.com).

Jeweils im September erinnert die **Lichtjesroute** drei Wochen lang mit nächtlichen Lichtinstallationen an die Befreiung der Stadt von der deutschen Besatzung im Zweiten Weltkrieg durch die Alliierten 1944 (www.lichtjesroute.org).

Hotel
Mercure €€
Gediegenes Businesshotel mit gepflegtem Restaurant und großem Parkplatz.
- Leenderweg 80 | 5615 AB Eindhoven
  Tel. 040/212 10 12
  www.mercure.com

Nuenen 14 [H12]

Vor allem die Verehrer von Vincent van Gogh kommen in den Ort nördlich von Eindhoven. Der Maler lebte von 1883 bis 1885 im Pfarrhaus von Nuenen, wo sein Vater als

Der Süden 's-Hertogenbosch

Prediger arbeitete. Hier entstand u. a. sein berühmtes Bild »Die Kartoffelesser«. Das **Vincentre** informiert über die frühe Schaffensphase des später als eigenwillig bekannten Malers Van Gogh (Berg 29, Di–So 10–17 Uhr, www.vangoghvillagenuenen.nl).

's-Hertogenbosch [G11]

»Den Bosch« (143 000 Einw.) entstand im Frühmittelalter um ein Kastell und erhielt 1185 die Stadtrechte. Mit Hieronymus Bosch (um 1450–1516) ging der Name seiner verwinkelten Heimatstadt am Herzogenwald in die Kunstwelt ein, doch trifft man hier kaum auf Spuren des malenden Visionärs. Zwei ihm zugeschriebene Türbilder befinden sich in der fünfschiffigen **Sint Janskathedraal,** die zu den schönsten Sakralbauten der Brabanter Gotik zählt. Das Gewölbe des prachtvollen Innenraums tragen 150 Pfeilerbündel. Beachtung verdienen ferner die Taufkapelle, das Chorgestühl sowie die reichen Ornamente an den Portalen und Fassaden (Juni–Sept. tgl. 9–17 Uhr, sonst eingeschränkt).

Weitere Sehenswürdigkeiten sind das **Stadhuis** (Markt) mit seinem klassizistischen Giebel, der prächtigen Eingangshalle, dem Ratssaal und den gotischen Kellergewölben sowie das elegante **Zwanenbroedershuis** (Hinthamerstraat 94), einst Sitz einer angesehenen religiösen Bruderschaft. Das moderne **Provinciehuis** schmückt sich mit einer Dauerausstellung von Skulpturen und Wandteppichen zeitgenössischer niederländischer Künstler (Mo–Fr 9–17 Uhr).

SEITENBLICK

Bootstouren auf der Binnendieze

Am Smallehaven von 's-Hertogenbosch legen von Mai bis September täglich Ausflugsboote ab, die malerische Ziele entlang der Binnendieze ansteuern. Gemütlich kann man so Heusden › S. 135, das schmucke Woudrichem und die Festungsstadt Zaltbommel an der Waal erkunden.
- **Rederij Wolthuis**
  Leunweg 17 | 's-Hertogenbosch
  Tel. 073/631 20 48
  www.rederijwolthuis.nl und
- **Stichting Binnendieze**,
  Tel. 09 00/202 01 78
  www.binnendieze.nl

Info
VVV
- Markt 77
  5211 JX 's-Hertogenbosch
  Tel. 073/612 71 70
  www.vvvdenbosch.nl

Hotels
Mövenpick Hotel €€
Aufmerksam geführtes Hotel mit großzügigen Zimmern, Sauna und Fahrradverleih in einem Standard-Zweckbau an einem kleinen See.
- Pettelaarpark 90
  's-Hertogenbosch
  Tel. 073/687 46 74
  www.moevenpick-denbosch.com

Campanile Den Bosch €€
Gepflegtes Hotel mit kleinen Zimmern und Lokal, 6 km nördlich des Zentrums.
- Goudsbloemvallei 21–25
'sHertogenbosch | Tel. 073/642 25 25
www.campanile-s-hertogenbosch.nl

Restaurant
De Opera €€
Holländisches, belgisches und burgundisches Slowfood, tolle Weinkarte.
- Hinthamerstraat 115-117
'sHertogenbosch | Tel. 073/613 74 57
www.de-opera.nl
Mittags und So/Mo geschl.

Herz von Brabant

Ausgedehnte Heideflächen und Wälder sowie malerische Festungsstädtchen und der Familienfreizeitpark De Efteling › S. 26 machen die Region nördlich von Tilburg für Urlauber attraktiv: In **Heusden** 16 [G11] faszinieren ein Ensemble von rund 400 Häusern aus dem 16./17. Jh. und die vorbildlich restaurierte Festung.

Der idyllische Charakter trug **Oisterwijk** 17 [G11] (19 000 Einw.) den Titel »Perle von Brabant« ein. Den offiziellen Namen verdankt der Ort seine Lage nördlich eines 600 ha großen Heide- und Waldgebiets, dem Naturschutzpark **Oisterwijkse Vennen**. Die hiesigen Moorseen sind überaus beliebte Erholungsgebiete. Umfassende Informationen und eine interessante Ausstellung gibt es im modernen Bezoekerscentrum (Van Tienhovenlaan 5, 5062 SK Oisterwijk April–Okt. Di–So 10 bis 17 Uhr, sonst 10–16 Uhr, Tel. 013/523 18 00).

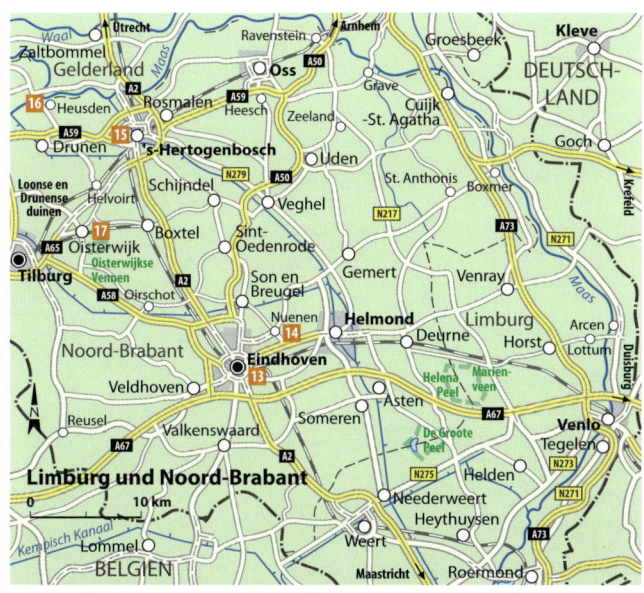

EXTRA-TOUREN

Tour 12: Entdeckerwoche an der Nordseeküste — **Extra-Touren**

Entdeckerwoche an der Nordseeküste

Route: Bergen op Zoom › Vlissingen › Middelburg › Zierikzee › Delft › Den Haag › Keukenhof › Haarlem › Wijk aan Zee › Bergen › Den Helder › Texel › Harlingen › Leeuwarden › Groningen

Karte: Klappe hinten

Distanzen:
Bergen op Zoom › Middelburg 72 km; **Middelburg › Zierikzee** 26 km; **Zierikzee › Delft** 50 km; **Delft › Den Haag** 10 km; **Den Haag › Haarlem** 48 km; **Haarlem › Den Helder** 80 km; **Den Helder › Leeuwarden** 93 km; **Leeuwarden › Groningen** 58 km

Verkehrsmittel:
Für diese Tour braucht man ein Auto, denn das Bahn- und Busnetz v. a. in Zeeland und Friesland ist lückenhaft. Auf Texel und Vlieland kann man überall Fahrräder leihen. Fähren zu den Watteninseln fahren ab Den Helder und Harlingen › **S. 73**.

Freizeitspaß auf dem Wasser bestimmt das Sommerleben in **Bergen op Zoom** › **S. 84**, wo diese Tour entlang der Nordseeküste mit einem Besuch des Rheindeltas beginnt. Im Hafen von **Vlissingen** › **S. 85** auf der Insel Zuid-Beveland flanieren die Matrosen der Königlich-Niederländischen Marine, während in **Middelburg** › **S. 86** ein Hauch von Mittelalter durch die Gassen weht. Hier übernachtet man.

Für technisch Interessierte lohnt sich am zweiten Reisetag eine Fahrt über das Sturmflutwehr der Oosterschelde mit Besuch der **Delta Expo** › **S. 89**, die das Wasserbauprojekt Deltaplan erläutert, bevor man sich im Festungsstädtchen **Zierikzee** › **S. 88** auf der Insel Schouwen Duiveland ein zweites Frühstück mit Blick auf historische Fassaden gönnt. Auf der N57 in Richtung Norden folgt man dem Verlauf der Nordseeküste bis nach **Delft** › **S. 95**, der Stadt der Fayencen. Wie in einem Freilichtmuseum kann man zwischen der Gracht Oude Delft und dem Marktplatz herumspazieren und einen typisch holländischen Abend mit guter Hausmannskost und einem kühlen *Bierje* genießen.

Der dritte Tag steht im Zeichen von Macht und Pracht: In **Den Haag** › **S. 96** tagen die Regierung der Niederlande und der Europäische Gerichtshof. Außerdem lohnt die weltberühmte Gemäldesammlung im Mauritshuis einen Besuch. Am Nachmittag erkundet man die altehrwürdige Universitätsstadt **Leiden** › **S. 98**. Im Frühjahr solte man die Blütenpracht im **Keukenhof** › **S. 103**

Das ehemalige Königsschloss Palais Het Loo im Nordwesten von Apeldoorn

Extra-Touren — Tour 12: Entdeckerwoche an der Nordseeküste

auf keinen Fall versäumen. Ein gemütliches Quartier findet sich bestimmt in **Haarlem** › S. 103. Ein Bummel durch das malerische Zentrum ist ein schöner Abschluss dieses abwechslungsreichen Tages.

Entlang der Nordseeküste passiert man am vierten Reisetag das **Noordhollands Duinreservaat** › S. 106. Immer wieder bieten sich Abstecher in nostalgische Seebäder wie **Wijk aan Zee** › S. 107 oder **Bergen** › S. 107 an, bevor man in Den Helder die Fähre nach **Texel** › S. 73 nimmt (Abfahrt alle halbe Stunde, Dauer 20 Min.).

Zeit für einen Ruhetag: Auf Texel, der größten der fünf niederländischen Inseln im Watt, erreicht man das Informationszentrum Ecomare oder die Dörfer im Nordosten umweltfreundlich mit dem Mietfahrrad.

Am sechsten Reisetag geht es zunächst mit der Fähre zurück nach Den Helder. Anschließend fährt man über den **Afsluitdijk** › S. 108, den gewaltigen Schleusendamm, der das IJsselmeer von der Nordsee abtrennt. In **Harlingen** › S. 66 begeistern die schmucken Fassaden der Handelshäuser, in **Franeker** › S. 66 das kuriose Planetarium Eise Eisinga. Als Nachtquartier bietet sich eines der Hotels im stimmungsvollen **Leeuwarden** › S. 65 an.

Frieslands ländliches Idyll um das **Vogelschutzgebiet Lauwersmeer** › S. 64 und die **Seehundstation Pieterburen** › S. 64 prägt den letzten Reisetag auf dem Weg nach **Groningen** › S. 53. Avantgardistische Gebäude wie das Groninger Museum stehen in reizvollem Kontrast zum Postkartenidyll der Grachten – und nachts sorgen die Studenten für Trubel.

Strandrestaurant in Bergen aan Zee

Eine Woche Hansepracht und hohe Kunst

Route: Amsterdam › Haarlem › Den Haag › Rotterdam › Utrecht › Zutphen › Deventer › Zwolle › Kampen

Karte: Klappe hinten
Distanzen:
Amsterdam › Haarlem 21 km; Haarlem › Den Haag 50 km; Den Haag › Rotterdam 27 km; Rotterdam › Utrecht 67 km; Utrecht › Zutphen 87 km; Zutphen › Deventer 18 km; Deventer › Zwolle 35 km; Zwolle › Kampen 48 km
Verkehrsmittel:
Die Bahn ist eine günstige und praktische Alternative zum Auto. Mit der 5-Dagkaart kann man die Verbindungen zwischen den Städten (meist alle 30 Min.) an fünf Folgetagen beliebig oft nutzen. Informationen bei der Deutschen Bahn und unter www.ns.nl. In Amsterdam bietet sich die I amsterdam City Card an › S. 54.

Erste Adresse für einen Kurzurlaub im Zeichen von Kunst und Kultur ist die Hauptstadt **Amsterdam** › S. 46. Zwei Tage muss man einplanen, um wenigstens das Rijksmuseum, das Stedelijk Museum und das Van-Gogh-Museum zu besuchen. Spaziergänge durch die Gassen des Jordaan, die modernen Wohnwelten im Oostelijke Havengebied und die Shoppingmeile Kalverstraat sowie eine Grachtenrundfahrt runden das Stadterlebnis ab.

Am Morgen des dritten Tages erreicht man in knapp 30 Minuten die Kunststadt **Haarlem** › S. 103 mit St. Bavokerk und Frans-Hals-Museum. Am Nachmittag ist Zeit für einen Bummel durch **Den Haag** › S. 96, den Regierungssitz und der weltberühmten Gemäldesammlung im Mauritshuis.

Tag vier vergeht schnell im multikulturellen **Rotterdam** › S. 92, wo große Vergangenheit auf hypermoderne Architektur trifft. Mittendrin wartet der Museumspark mit Kunsthal und Museum Bojmans van Beuningen.

Kurz ist die Fahrt nach **Utrecht** › S. 129 am fünften Tag. Grachten, alte Kirchen, das Centraal Museum und das funktional-elegante Rietveld-Schröder-Huis sorgen hier für ein abwechslungreiches Programm.

Wie Perlen reihen sich am sechsten Reisetag kleine Hansestädte mit gediegenen Backsteinbauten und originellen Geschäften am Fluss IJssel auf: Die prächtige St. Walburgskerk lockt nach **Zutphen** › S. 121, schmucke historische Fassaden nach **Deventer** › S. 124. Das Tagesziel **Zwolle** › S. 125 wird vom mächtigen Turm der Onze-Lieve-Vrouwe-Basiliek überragt.

Zuletzt erkundet man die reiche Hansestadt **Kampen** › S. 126, die von der Nähe zum IJsselmeer profitiert. Das gotische Rathaus, die Nikolaaskerk und die köstlichen Heringe sprechen dafür, noch ein wenig länger zu bleiben …

Vier Tage voller blühender Attraktionen

> **Route:** Amsterdam › Keukenhof › Apeldoorn › Arnhem › Appeltern › Lottum › Vaals › Maastricht
>
> **Karte:** Klappe hinten
>
> **Distanzen:**
> Amsterdam › Keukenhof 26 km; Keukenhof › Apeldoorn 125 km; Apeldoorn › Arnhem 30 km; Arnhem › Appeltern 40 km; Appeltern › Lottum 75 km; Lottum › Vaals 105 km; Vaals › Maastricht 37 km
>
> **Verkehrsmittel:**
> Da die schönsten Grünanlagen der Niederlande abseits der großen Ballungszentren erblühen, ist für diese Tour ein eigenes Fahrzeug unverzichtbar. Leihfahrräder gibt es bei den Tourismus-Büros in Lisse, Apeldoorn, Arnhem und Maastricht.

Der späte Frühling ist der ideale Reisetermin für diese Tour. Dank ehrgeiziger Gärtner und einfallsreicher Landschaftsdesigner kann man aber auch im Sommer und Herbst viele prächtig blühende botanische Überraschungen erleben; der Keukenhof ist dann allerdings geschlossen. Die Führungen auf dem Landgut De Wiersse bei Arnhem finden nur von April bis Oktober donnerstags und am ersten Samstag im Monat statt – wer dorthin will, muss entsprechend planen.

Von **Amsterdam** › **S. 46** führt eine kurze Autofahrt zum **Keukenhof** › **S. 103**, dem klassischen Tulpenparadies bei Lisse. Es öffnet seine Tore von Mitte März bis Mitte Mai. Auch die weltgrößte Lilienschau und viele andere Veranstaltungen locken in dieser Zeit Hunderttausende auf das Gelände. Etwas ruhiger gestaltet sich eine nachmittägliche Fahrradtour auf der Bollenstreek zwischen Hillegom und **Leiden** › **S. 98**, durch das weltgrößte geschlossene Anbaugebiet für Zierblumen. Nach einer Übernachtung in **Apeldoorn** › **S. 122** steht ein Besuch der königlichen Sommerresidenz, des Palais Het Loo mit seinen barocken Gärten, auf dem Programm, bevor man Richtung **Arnhem** › **S. 120** weiterreist, um die »grünen Zimmer« der Parkanlagen um das nahgelegene Wasserschloss **Middachten** › **S. 121** zu bewundern.

Am Vormittag des dritten Reisetages lohnt eine Führung durch den wilden Landschaftsgarten des Gutes **De Wiersse** › **S. 122**, bevor man durch Waldgebiet der Veluwe gen Süden fährt. Ziel ist das Gartendorf **Appeltern** › **S. 119**, in dem Gartendesigner und Fachhändler zeigen, wie man blühende Miniparadiese schafft. In Rosen gebettet kann man in **Lottum** › **S. 142** übernachten, wo alljährlich neue Züchtungen präsentiert werden, Tausende Strauchrosen blühen und Hunderte Stammrosen verkauft werden. Dort beginnt der vierte Reisetag mit einem Bummel durch das Rosarium und endet mit der fröhlichen Suche nach dem Ausgang aus dem großen Heckenlabyrinth von **Vaals** › **S. 138**, direkt im Dreiländereck von Deutschland, Belgien und den Niederlanden. Krönender Abschluss ist ein Gourmetdinner in der Provinzhauptstadt **Maastricht** › **S. 135**.

Ein langes Wochenende auf der Oranierroute

Route: Amsterdam › **Delft** › **Breda** › **Buren** › **Apeldoorn** › **Leeuwarden**

Karte: Klappe hinten
Distanzen:
Amsterdam › **Delft** 70 km; **Delft** › **Breda** 66 km; **Breda** › **Buren** 70 km; **Buren** › **Apeldoorn** 80 km; **Apeldoorn** › **Leeuwarden** 130 km
Verkehrsmittel:
Mit dem Auto ist man flexibel unterwegs. Die Tour ist zwar auch mit Bahn und Bus machbar, allerdings sollte man dann mindestens vier Tage einplanen.

Seit dem 16. Jh. prägt das Adelshaus Oranien-Nassau die Geschichte der Niederlande; sein Ursprung liegt jedoch in Hessen. Die gut ausgeschilderte Oranierroute verbindet auf 2400 km historisch bedeutende Städte zwischen Amsterdam, Berlin und Nassau.

Dieser Tourvorschlag orientiert sich an den niederländischen Wirkungsstätten des Hauses Oranje: In der Nieuwe Kerk von **Amsterdam** › **S. 46** werden seit 1814 die Könige der Niederlande inthronisiert. Exkönigin Beatrix heiratete 1966 in der Westerkerk den Deutschen Claus von Amsberg, König Willem Alexander, der 2013 den Thron bestieg, feierte seine Hochzeit 2002 im Koninklijk Paleis auf dem Dam.

Ihre letzte Ruhestätte finden die Oranier im Grabkeller der Nieuwe Kerk von **Delft** › **S. 95**, die man am zweiten Reisetag besuchen sollte, ebenso wie den Prinsenhof aus der Zeit des berühmten Wilhelm von Oranien und die historische Porzellanfabrik Porceleyne Fles. In **Breda** › **S. 89** findet man in der altholländischen Grote Kerk die prächtigen Grabmale der Nassauer Grafen und in der kleinen Festungsstadt **Buren** › **S. 119** das Museum Buren & Oranje. Ein abendlicher Bummel durch **Apeldoorn** › **S. 122** stimmt ein auf den Besuch des Palais Het Loo mit seinem prachtvollen Barockgarten am dritten Reisetag. Nachmittags fährt man durch das flache Friesland zur ehemaligen Hofresidenz der Oranier, nach **Leeuwarden** › **S. 65**. Dort endet die Tour mit einem Spaziergang zum Stadhouderlik Hof, zum Museumspalast Princessehof und zur Grote Kerk.

Infos von A–Z

Ärztliche Versorgung
Zwischen den Niederlanden, den EU-Ländern und der Schweiz besteht ein Sozialversicherungsabkommen, d. h. die Europäische Krankenversichertenkarte garantiert den Versicherungsschutz. Wird sie nicht akzeptiert, muss man die Behandlung oder Medikamente vor Ort bezahlen; gegen Quittung erhält man im Allgemeinen die Kosten bzw. einen Anteil von seiner Krankenkasse erstattet. Grundsätzlich ist der Abschluss einer privaten Reisekrankenversicherung sinnvoll.

Apotheken sind Mo–Fr 9–17 Uhr geöffnet; Notdienste veröffentlicht.

Barrierefreies Reisen
Die meisten öffentlichen Einrichtungen und Museen sind behindertengerecht gebaut. Der ANWB vertreibt den Reiswijzer voor Gehandicapten, eine Broschüre mit wertvollen Informationen, leider nur auf Holländisch. Körperbehinderte Reisende veröffentlichen ihre Erfahrungsberichte im Internet (www.mis-infothek.ch). Die offizielle Tourismusseite der Niederlande informiert Touristen mit Handicap unter: www.holland.com/de/tourist/artikel/barrierefreies-reisen.htm.

Diplomatische Vertretungen
- **Deutsche Botschaft**, Groot Hertoginnelaan 18–20, 2517 EG Den Haag, Tel. 070/342 06 00, www.den-haag.diplo.de
- **Deutsches Generalkonsulat**, Honthorststr. 36–38, 1071 DG Amsterdam, Tel. 020/574 77 00
- **Österreichische Botschaft**, Van Alkemadelaan 342, 2597 AS Den Haag, Tel. 070/324 54 70, www.aussenministerium.at/denhaag
- **Österreichisches Generalkonsulat**, c/o Vink & Partners, Honthorststr. 20, 1071 DE Amsterdam, Tel. 020/573 21 21
- **Schweizer Botschaft**, Lange Voorhout 42, 2514 EE Den Haag, Tel. 070/364 28 31, www.eda.admin.ch/denhaag
- **Schweizerisches Konsulat**, De Lairessestr. 97, 1071 NX Amsterdam, Tel. 020/717 34 16

Drogenpolitik
Noch sind die Niederlande eines der wenigen Länder, die den privaten Konsum von weichen Drogen wie Haschisch und Marihuana weitgehend tolerieren. In den etwa 1500 Koffieshops können diese Drogen unter staatlicher Aufsicht in kleinen Mengen gekauft werden, das Rauchen von Tabak ist dort verboten. Ausländer müssen nach Auskunft des Justizministeriums damit rechnen, jederzeit kontrolliert zu werden.

Einreise
Reisende aus Deutschland, Österreich und der Schweiz müssen sich ausweisen. Anerkannt werden Reisepass, Personalausweis und Führerschein.

Feiertage
Offizielle Feiertage sind: 1. Januar (Neujahr), Ostern und Pfingsten (jeweils So/Mo), 30. April (Königstag), 5. Mai (Befreiungstag), Christi Himmelfahrt, 1. und 2. Weihnachtstag.

Geld
Die Niederlande gehören zur Eurozone der EU. Zahlung mit EC- oder Kreditkarte ist fast überall möglich. Die meisten Banken verfügen über Geldautomaten.

Infos von A–Z

Haustiere
Für Hunde und Katzen muss der EU-Heimtierausweis mitgeführt werden, der bei Tierärzten erhältlich ist.

Information
In den niederländischen Ferienregionen bieten die Fremdenverkehrsbüros (VVV, Vereniging voor Vremdelingenverkeer) eine Fülle von Informationsmaterial; gegen Gebühr kann man dort auch Zimmer reservieren. Bei der Reiseplanung hilft das
- **Niederländische Büro für Tourismus & Convention (NBTC)**, Postfach 27 05 80, 50511 Köln, Tel. 02 21/ 92 57 17-0, www.holland.com/de (Es ist auch für Österreich und die Schweiz zuständig.)

Internetcafés
In den Städten bieten viele Cafés, Kneipen sowie Hotels und Jugendherbergen kostenlose Internetzugänge und WiFi-Verbindungen an.

Kinos
Niederländische Kinos sind auch für ausländische Besucher interessant, denn es werden alle Filme im Original mit Untertitel gezeigt. Synchronisierte Fassungen sind kaum bekannt. In den meisten Städten gibt es wöchentlich einen Kinotag mit ermäßigten Preisen.

Museen
Wer mehrere Museen im Land besuchen will, sollte sich die preisgünstige Museumjaarkaart besorgen (Erwachsene 54,95 €, unter 25-Jährige 27,50 € zzgl. Bearbeitungsgebühr von 4,95 €; Passbild nötig). Die Karte ist ein ganzes Kalenderjahr gültig und berechtigt zum freien Eintritt in mehr als 400 Museen im ganzen Land (außer Sonderausstellungen). Erhältlich ist sie bei den VVV-Büros oder an den Museumskassen (www.museum.nl oder www.museumjaarkaart.nl, nur auf Niederländisch).

Notfälle
Landesweiter Notruf: Tel. 112.

Öffnungszeiten
- **Banken:** Mo–Fr 9–16 Uhr; Filialen größerer Bankhäuser in den Großstädten haben oft bis 17 Uhr geöffnet.
- **Geschäfte:** 8.30/9–18/18.30, Sa bis 16/17 und Mo ab 13 Uhr. Do oder Fr langer Abend *Koopavond* bis 21 Uhr.

Das Ladenschlussgesetz erlaubt längere Öffnungszeiten sowie den Verkauf an Sonntagen. Größere Geschäfte und Lebensmittelketten nutzen dies auch aus.

Parken/Parkhäuser
Alle Parkplätze in den Innenstädten sind gebührenpflichtig; den Berechtigungsschein zieht man aus einem der Parkautomaten. In Amsterdam kostet eine Stunde Parken in der Regel um die 5 €, Tageskarten mindestens 30 €. Günstiger sind die in vielen Städten angebotenen Park & Ride-Plätze mit Anschluss an öffentliche Verkehrsmittel.

Das Bußgeld für eine Radklemme *(wielklem)* liegt bei mindestens 105 €, sie wird aber nur noch bei Langzeitparkern angebracht und

Urlaubskasse	
Tasse Kaffee	2,10 €
Softdrink	1,90 €
Glas Bier	1,90 €
Stockbroodje (Sandwich)	3,50 €
Kugel Eis	1,20 €
Taxifahrt (Kurzstrecke)	14,50 €
Mietwagen/Tag	ab 45 €
1l Superbenzin	ca. 1,48 €

Infos von A–Z

betrifft Touristen daher so gut wie nicht mehr. Sollte das Auto abgeschleppt worden sein, kann sich die Geldbuße auf mehr als 250 € erhöhen. Alle Bußgelder sind sofort zu bezahlen. Kreditkarten und Schecks werden akzeptiert. Infos zum abgeschleppten Auto unter Stadstoezicht, Tel. 0 20/2 51 33 22.

Post (PTT)
Postämter sind mit roten Schildern PTT (Post-Telegraaf-Telefoon) gekennzeichnet (Mo–Fr 8.30–17 Uhr, teils auch Sa vormittags). In den Bahnhöfen gibt es keine Postfilialen. Annahmestellen für Faxe und Telegramme sind in den Großstädten rund um die Uhr betriebsbereit.

Postgebühren: Für Postkarten und den Normalbrief (bis 20 g) in EU-Länder und die Schweiz beträgt das Porto 69 Cent.

Rauchen
In der Öffentlichkeit und am Arbeitsplatz ist das Rauchen verboten. In Lokalen kann ein Raucherraum ausgewiesen sein, in dem jedoch kein Servicepersonal eingesetzt wird. Wer in öffentlichen Gebäuden und öffentlichen Verkehrsmitteln (Bahn, Bus, Taxi) inklusive aller Bahnhöfe nicht von seiner Zigarette lassen kann, wird auf spezielle Raucherzonen verwiesen.

Sicherheit
In den größeren Städten, v. a. in Amsterdam und Rotterdam, treiben Taschen- und Trickdiebe ihr Unwesen. Die Zahl der Delikte mag sich in Grenzen halten, doch empfiehlt es sich insbesondere in den Touristengebieten, Geldbörsen und Handtaschen sehr sorgfältig im Auge zu behalten. Generell sollen Wertsachen nicht im Auto liegen bleiben. Nach Einbruch der Dunkelheit meidet man dunkle Gassen und Parks besser.

Taxi
Taxifahren ist teuer. Eine preiswerte Alternative (allerdings nur für Bahnreisende) ist das Treintaxi der niederländischen Eisenbahn › S. 17.

Telefon/Handy
Es gibt so gut wie keine der giftgrünen Telefonzellen mehr, die mit einer Telecard funktionieren. Telefonate aus dem Hotelzimmer sind deutlich teurer.

Mobiltelefone funktionieren in den Niederlanden problemlos. Viele unterschiedliche Betreibergesellschaften liefern sich einen Tarifkampf, sodass die Gebühren häufig wechseln.

Internationale Vorwahlnummern:
- Deutschland: 00 49
- Österreich: 00 43
- Schweiz: 00 41
- Niederlande: 00 31

Toiletten
Größere Kaufhäuser und Museen sind mit öffentlichen Toiletten ausgestattet. Die hygienischen Zustände sind in der Regel gut; ansonsten findet man bei Bedarf nur in Lokalen ein stilles Örtchen.

Trinkgeld
Wie überall freuen sich Kellner und Zimmermädchen über ein finanzielles Dankeschön. Restaurantrechnungen sollte man großzügig aufrunden. Taxifahrer erwarten ca. 10 % Trinkgeld.

Zollbestimmungen
Für Reisende aus EU-Ländern ist die Ein- und Ausfuhr von Waren des persönlichen Gebrauchs sowie von höchstens 800 Zigaretten, 200 Zigarren, 90 l Wein und 10 l Spirituosen zollfrei.

Schweizer dürfen Waren bis maximal 300 CHF zollfrei ein- oder ausführen, zudem 200 Zigaretten oder 50 Zigarren, 50 ml Parfüm, 1 l Spirituosen über oder 2 l unter 22 Vol.-%.

Register

Aardenburg 85
Afsluitdijk **108**, 148
Aldfaers Erf Route 67
Alkmaar 10, **107**
Allingastate 67
Allingawier 67
Almere 39, **128**
Ameland 16, 38, **75**
Amersfoort 130
Amstelveen 37, **56**
Amsterdam 8, 11, 12, 13, 14, 15, 16, 17, 19, 24, 25, 34, 35, 39, 40, 41, **46**, 149, 150, 151
• Anne Frank Huis 48
• Begijnhof 49
• Dam 48
• De Walletjes 8, 17, 50
• Grachtentouren 55, 160
• Hermitage 53
• Joods Historisch Museum 54
• Koninklijk Paleis 48
• Museum Ons lieve Heer op Solder 50
• Muziekgebouw/BIMhuis 52
• NEMO Science & Technology Museum 52
• Nieuwe Kerk 48
• Oude Kerk 50
• Rembrandthuis 54
• Rijksmuseum 15, 53
• Stedelijk Museum 53
• Stopera 54
• Tropenmuseum 52
• Van Gogh Museum 53
• Westerkerk 48
• Zoo Artis 27, 52
Apeldoorn 37, 41, **122**, 150, 151
Apenheul 27, 123
Appeltern 119, 150
Appingedam 63

Arcen 37, 102, 142
Arnhem 10, 24, 27, 37, **120**, 150

Batenburg 119
Beatrix, Exönigin 36, 41, 151
Bed & Breakfast 30
Beemster Polder 111
Bergen 42, 106, 148
Bergen op Zoom **84**, 147
Blom, Piet 39, 93
Bolsward **66**, 69
Bourtange 62
Breda **89**, 151
Bronckhorst 122
Brouwershaven 89
Buren 119, 151

Camping 31
Cuypers, Petrus Josephus Hubertus 38, 48, 65, 140, 141

De De Hoge Veluwe, Nationalpark 10, 37, 72, **123**, 150
Delft 9, 15, 25, **95**, 147, 151
Delfzijl 63
Delta Expo **89**, 147
Deltaplan 36, **85**, 147
Den Haag 9, 15, 24, 25, 34, 35, 41, 42, **96**, 147, 149, 160
Den Helder 9, 10, **108**, 148
De Stijl 15, 39, 93, 129
Deventer 42, **124**, 149
De Wiersse 37, 122, 150
Doesburg 121
Doesburg, Theo van 39
Dokkum 64
Domburg 87

Doorn 102, **130**
Dordrecht 90
Dreiländerpunkt 138
Dreischor 89
Drents Friese Wold, Nationalpark 70
Duinrell 12, 26
Dwingelderveld, Nationalpark 70

Edam 111
Egmond aan Zee 106
Eindhoven 24, **143**
Eisinga, Eise 66
Elfstedentocht 69
Enkhuizen 108
Exmorra 67

Fahrradfahren 71
Ferienhäuser 31
Franeker **66**, 148
Freilichtmuseen 127
Freizeitparks 26

Giethoorn 69
Goes 87
Gogh, Vincent van 9, 10, 38, 123, 143
Golf 29
Gorinchem 91
Gouda 16, 41, **91**
Groningen 19, 24, **61**, 148
Groote Peel, Nationalpark 142

Haarlem 38, 102, **103**, 148, 149
Hals, Frans 10, 38, 104, 105
Harlingen 59, **66**, 148
Hasselt 126
Hattem 126
Heerlen 138

Register

Helena Peel 142
Hertogenbosch (Den Bosch), s- **133,** 144
Het Loo 37, 102, 123, 147, 150, 151
Heusden 145
Hilversum 131
Hindeloopen 68, 69
Hoorn 110
Horst 142
Hostels 31
Hotels 30
Hulst 85

IJsselmeer 22, 58, 68, 82, 108, 109, 115

Kampen **126,** 149
Kasteel De Haar 102
Kasteel Hoensbroek 138
Katwijk 72, 103
Keukenhof 101, **103,** 147, 150
Kinderdijk 91
Kollum 64
Königshaus 41
Koolhaas, Rem 39, 93
Kooning, Willem de 39

Lauwersmeer **64,** 148
Leeuwarden 10, 59, **65,** 69, 148, 151
Leiden 10, 37, **98,** 147, 150
Lelystad 127
Lemmer 59, 69
Lisse 42, 101, 102
Lottum 142, 150

Maastricht 10, 13, 34, 38, 40, 41, 42, **135**
Marienveen 142
Marken 112
Medemblik 108
Meppel **70,** 102
Middachten, Schloss **121,** 150

Middelburg 72, 86, 147
Middenbeemster 111
Mondriaan, Piet 39, 131
Muiden 131

Naarden 131
Neeltje Jans 89
Nijmegen 29, 118
Noordhollands Duinreservaat 106, 109, 148
Noordoostpolder 126
Noordwijk 72, 102, 103
Nuenen 143

Oisterwijk 145

Pieterburen 64, 148

Reiten 28
Rembrandt Harmenszoon van Rijn 9, 38, 53
Rietveld, Gerrit 15, 39, 129
Rijksmuseum Kröller-Müller 123
Roermond 140
Rotterdam 10, 11, 12, 14, 15, 19, 24, 25, 34, 35, 39, 40, 41, **92,** 149
• Erasmusbrug 93
• Kop van Zuid 93
• Maritiem Museum Prins Hendrik 93
• Markthal 93, 160
• Museum Boijmans van Beuningen 93
• Oude Haven 93

Scheveningen 9, 14, 15, 40, 41, 72, **97,** 160
Schiedam 15
Schiermonnikoog 8, 38, **76**
Schlittschuhlaufen 69
Schokland 127
Sittard 139
Sluis 85

Sneek 13, 41, **67,** 69
Spielplätze 27
Stavoren 68, 69

Terschelling 16, 59, 66, **75**
Texel 8, 10, 13, 37, 44, **73,** 148
Thorn 139
Tierparks 27
Tuinen Mien Ruys 37
Twisk 108

Urk 127
Utrecht 12, 15, 19, 24, 25, 34, 36, 38, 41, **129,** 149

Vaalser Berg 34, 138
Valkenburg aan de Geul 29, 42, **137**
Veenklooster 64
Veere 87
Venlo 24, **141**
Vermeer, Jan 9, 10, 15, 95
Vlieland 12, 66, **74,** 160
Vlissingen **85,** 147
Volendam 112

Wandern 28
Wassersport 28
Wellness 29
Wijk aan Zee **106,** 148
Willem Alexander, König 35, 36, 41, 151
Willem von Oranien, Prinz 36, 41, 151

Zaanse Schans **56,** 127
Zandvoort 106
Zar-Peter-Haus 56
Zeist 130
Zierikzee **88,** 147
Zuid-Kennemerland, Nationalpark 106
Zutphen 42, **121,** 149
Zwolle **125,** 149

Impressum

Bildnachweis

Coverfoto: Windmühle bei Groningen © mauritius images/Alamy
Fotos Umschlagrückseite: © shutterstock/S.Borisov (links); shutterstock/VanderWolf Images (Mitte); Fotolia/Maria Fürhacker

Alamy/Art Kowalsky: 146; Alamy/Bildarchiv Monheim GmbH: 125; Alamy/Danita Delimont: 119; Alamy/ICP: 131; Alamy/Paul Shawcross: 113; APA Publications/Greg Gladman; 46; APA Publications/Bill Wassman: 23, 120; Egon Boesten: 73; Chateauhotels/Etienne van Sloun: 139; Fotolia/dzain: U2-4; Fotolia/Eric Gevaert: 122; Fotolia/Lsantilli: 78; Fotolia/will tilroe-otte: 30; Huber Images/Andrea Armellin: 17; Huber Images/Gräfenhain: 29, 44/45, 57, 67, 148; Huber Images/Susanne Kremer: 107; Huber Images/Maurizio Rellini: 8-2, 20/21; Huber Images/ Giovanni Simeone: 39; iStockphoto/Klaas Lingbeek-van Kranen: 124; laif/Futh: 86; laif/Miquel Gonzalez: 60, 88; laif/Hollandse Hoogte: 58, 74, 112; laif/hemis.fr/Ludovic Maisant: U2-3; LOOK-foto/Brigitte Merz: 92; mauritius images/Alamy: 26; mauritius images/imagebroker/ Günter Lenz: 132; Ulf Müller-Moewes: 25; Niederländisches Büro für Tourismus: 68; Wolfgang Rössig: 8-1, 9-2; W. & J. Schwartz-Barelds: 98, 133; shutterstock/Henk Hennuin: U2-2; shutterstock/ jorisvo: 100; shutterstock/Kiev.Victor: 94; shutterstock/Gerard Koudenburg: 14; shutterstock/Arseniy Krasnevsky: U2-1; shutterstock/Nick_Nick: 9-1; shutterstock/Olgysha: 6/7; shutterstock/Regien Paassen: 10; shutterstock/place-to-be: 13; shutterstock/Steve Photography: 40; shutterstock/Tony Taylor Stock: 80; shutterstock/TonyV3112: 53, 77; shutterstock/Maria Uspenskaya: 16; shutterstock/VanderWolf Images: 32/33; WEB Gallery of Art: 105; Wikipedia/EWIJ: 143; Ernst Wrba: 47, 49, 71, 101, 114, 134.

Liebe Leserin, lieber Leser,
wir freuen uns, dass Sie sich für diesen POLYGLOTT on tour entschieden haben.
Unsere Autorinnen und Autoren sind für Sie unterwegs und recherchieren sehr gründlich,
damit Sie mit aktuellen und zuverlässigen Informationen auf Reisen gehen können.
Dennoch lassen sich Fehler nie ganz ausschließen. Wir bitten Sie um Verständnis, dass der
Verlag dafür keine Haftung übernehmen kann.

Ihre Meinung ist uns wichtig. Bitte schreiben Sie uns:
TRAVEL HOUSE MEDIA GmbH, Redaktion POLYGLOTT, Grillparzerstraße 12,
81675 München, redaktion@polyglott.de
www.polyglott.de

2. komplett überarbeitete Auflage 2016

© 2016 TRAVEL HOUSE MEDIA GmbH München
Dieses Buch wurde auf chlorfrei gebleichtem Papier gedruckt.
ISBN 978-3-8464-2706-4

Alle Rechte vorbehalten. Nachdruck, auch auszugsweise, sowie die Verbreitung durch Film, Funk, Fernsehen und Internet, durch fotomechanische Wiedergabe, Tonträger und Datenverarbeitungssysteme jeglicher Art nur mit schriftlicher Genehmigung des Verlages.

Bei Interesse an maßgeschneiderten POLYGLOTT-Produkten:
Véronica Reisenegger
veronica.reisenegger@travel-house-media.de

Bei Interesse an Anzeigen:
KV Kommunalverlag GmbH & Co KG
Tel. 089/928 09 60
info@kommunal-verlag.de

Redaktionsleitung: Grit Müller
Verlagsredaktion: Anne-Katrin Scheiter
Autoren: Egon Boesten, Siggi Weidemann, Dirk Sievers, Christine Rettenmeier und Wolfgang Rössig
Redaktion: Renate Nöldeke, München
Bildredaktion: Ulrich Reißer, München
Mini-Dolmetscher: Langenscheidt
Layoutkonzept/Titeldesign:
fpm factor product münchen
Karten und Pläne: Sybille Rachfall
Satz: uteweber-grafikdesign
Herstellung: Anna Bäumner
Druck und Bindung:
Printer Trento, Italien

PEFC/18-31-506

Ein Unternehmen der
GANSKE VERLAGSGRUPPE

Mini-Dolmetscher Niederländisch

Allgemeines

Guten Morgen.	Goedenmorgen. [chujəmorchə]	
Guten Tag. (nachmittags)	Goedendag. [chujədach]	
Hallo!	Hallo! [haloh]	
Wie geht's?	Hoe gaat het? [hu chah tət]	
Danke, gut.	Goed, dank u wel. [chutt, dang kü well]	
Ich heiße ...	Ik heet ... [ig heht]	
Auf Wiedersehen.	Tot ziens. [tottßinß]	
heute	vandaag [fandach]	
morgen	morgen [morchə]	
gestern	gisteren [chißtərə]	
vormittags	's morgens [ßmorchəß]	
nachmittags	's middags [ßmiddachß]	
Abend	avond [ahwənd]	
Nacht	nacht [nacht]	
Sprechen Sie Deutsch / Englisch?	Spreekt u Duits / Engels? [ßprehk tü döitß / engəlß]	
Wie bitte?	Wat zegt u? [watt sechtü?]	
Ich verstehe nicht.	Ik begrijp het niet. [ig bəchräip ət nit]	
Sagen Sie es bitte noch mal.	Wilt u het alstublieft herhalen? [willtü ət aßtüblift härhahlə]	
..., bitte	... alstublieft [aßtüblift]	
Danke	Bedankt. [bədankt]	
Keine Ursache.	Graag gedaan. [chrah chədahn]	
was / wer / welcher	wat / wie / welke [watt / wih / wällkə]	
wo / wohin	waar / waar naartoe [wahr / wahr nahrtu]	
wie / wie viel	hoe / hoeveel [hu / huwehl]	
wann / wie lange	wanneer / hoe lang [wannehr / hulang]	
Wie heißt das?	Hoe heet dat? [hu het datt]	
Wo ist ...?	Waar is ...? [wahr iß]	
Können Sie mir helfen?	Kunt u mij alstublieft helpen? [könntü mäi aßtüblift hällpə]	
ja	ja [jah]	
nein	nee [neh]	
Entschuldigen Sie.	Neemt u mij niet kwalijk. [nehmtü mäi nit kwahlək]	
Das macht nichts.	Geeft niet. [chehft nit]	
Wie komme ich zur Touristeninformation?	Hoe kom ik naar de V.V.V.? [hu kommig nahrdə wehwehweh?]	

Shopping

Wo gibt es ...?	Waar kan ik ... krijgen? [wahr kannig ... kräichə]
Wie viel kostet das?	Hoeveel kost dat? [huwehl koßtat]
Haben Sie etwas Billigeres?	Hebt u iets goedkopers? [hepptü itß chuttkohpərß]
Geben Sie mir 100 g Käse / zwei Kilo Pfirsiche.	Geeft u mij een ons kaas / twee kilo perziken. [chehftü mäi ən onß kahß / tweh kiloh pärsikə]
Haben Sie deutsche Zeitungen?	Heeft u Duitse kranten? [hehftü döitßə krannta]
Wo kann ich telefonieren / eine Telefonkarte kaufen?	Waar kan ik telefoneren / een telefoonkaart kopen? [wahr kannig telefohnehrə / ən telefohnkahrt kohpə]

Essen und Trinken

Die Speisekarte, bitte.	De menukaart, alstublieft. [də mənükahrt aßtüblift]
Brot	brood [broht]
Kaffee	koffie [koffi]
Tee	thee [teh]
mit Milch / Zucker	met melk / suiker [mett melk / ßöikər]
Orangensaft	sinaasappelsap [ßinahßappəlßapp], jus d'orange [schü doröseh]
Können Sie mir bitte noch ... brengen?	Kunt u mij alstublieft nog ... brengen? [könntü mäi aßtüblift noch ... brängə]
Suppe	soep [ßup]
Fisch / Meeresfrüchte	vis / schaaldieren [wiß / ßchahldihrə]
Fleisch / Geflügel	vlees / gevogelte [wlehß / chəwohchəltə]
vegetarische Gerichte	vegetarische gerechten [wechetahrißə chərächtə]
Eier	eieren [äiərə]
Salat	salade [ßalahdə]
Dessert	dessert [däßährt]
Obst	fruit [fröit]
Eis	ijs [äiß]
Wein	wijn [wäin]
weiß / rot / rosé	wit / rood / rosé [witt / rohd / roßeh]
Bier	bier [bihr]
Mineralwasser	mineraalwater [mineralwahtər]
mit / ohne Kohlensäure	spa rood / blauw [ßpah rohd / blau]
Ich möchte bezahlen.	De rekening, alstublieft. [də rehkəning aßtüblift]

Meine Entdeckungen

....
....
....
....
....
....
....
....
....
....
....
....
....
....
....
....
....
....

Clevere Kombination mit POLYGLOTT Stickern
Einfach Ihre eigenen Entdeckungen mit Stickern von 1–16 in der Karte markieren und hier eintragen. Teilen Sie Ihre Entdeckungen auf facebook.com/polyglott1.

Checkliste Niederlande

Nur da gewesen oder schon entdeckt?

- [ ] **Romantische Grachtentouren**
  Amsterdams Brücken und Hausfassaden erstrahlen am Abend im Licht unzähliger bunter Lämpchen. › S. 12

- [ ] **Holländisches Sushi**
  Zarter junger Hering am Strand von Scheveningen – Mund auf, Genuss rein! › S. 13

- [ ] **Rotterdams neue Markthalle**
  Unter den riesigen Fruchtbomben einer grellbunten Riesenröhre wird Shopping zum Avantgarde-Erlebnis. › S. 14

- [ ] **Hollands schönster Augenaufschlag**
  Vermeers »Mädchen mit dem Perlenohrring« betört Besucher des Mauritshuis in Den Haag mit seinem Blick. › S. 15

- [ ] **Strandsegeln**
  Wenn auf Vlieland eine steife Brise weht, flitzen die Blokarts pfeilschnell über den breiten brettharten Inselstrand. › S. 12

- [ ] **Wildwasserfahrt**
  Mit dem Kanu geht es auf der ungezähmten Grenzmaas durch fast unberührte Limburger Natur. › S. 13

- [ ] **Indonesische Rijstafel**
  Hollands leckerstes Erbe der Kolonialzeit: Viele, viele Tellerchen mit raffiniert gewürzten Spezialitäten der indonesischen Inselwelt schmecken am besten in großer Runde – dann ist die Auswahl am größten. › S. 13

Mitbringsel für Daheim

Dropjes: eine Schachtel rabenschwarzer Lakritze – ein Stück Niederlande › S. 16

Tulpenzwiebeln: niederländische Blüten- und Farbenpracht für heimische Gärten › S. 16